Ulusların Öyküleri

HİTİTLER

Archibald Henry Sayce

Archibald Henry Sayce (1845-1933), 1891'den 1919'a kadar Oxford Üniversitesi'nde Asuroloji Profesörü olarak görev yaptı. 19.yüzyıldaki Hitit tarihi araştırmalarının öncü isimlerinden olan, yirmiyi aşkın antik ve modern dil bilen Sayce dil araştırmalarında arkeolojik ve anıtsal kalıntıların önemine yaptığı vurguyla biliniyordu.

Ekin Duru

1937'de Ankara'da doğdu. 1956'da Arnavutköy Amerikan Kız Koleji'nden mezun olduktan sonra Ankara ve İstanbul'da çeşitli yabancı firmalarda genel müdür sekreterliği yaptı. 1969'da İsviçre'de Simultane adlı bir kurumda eşzamanlı çevirmenlik eğitimi aldı. İstanbul'da amatör ve profesyonel tiyatrolarda sahneye çıktı. 1972'de Fethiye'ye yerleşti. 1997'den beri çevirmenlik yapmaktadır. Bugüne kadar Türkçeden İngilizceye ve İngilizceden Türkçeye elliyi aşkın kitap çevirmiştir.

Ulusların Öyküleri

HİTİTLER

Unutulmuş Bir İmparatorluğun Öyküsü

ARCHIBALD H. SAYCE

ARTHUR GILMAN, M.A.

İngilizceden çeviren:
Ekin Duru

SAY

Say Yayınları
Tarih

Hititler – Unutulmuş Bir İmparatorluğun Öyküsü
Archibald Henry Sayce

Özgün adı: *The Hittites – The Story of a Forgotten Empire*

ISBN 978-605-02-0867-2
Sertifika no: 10962

İngilizceden çeviren: Ekin Duru
Yayın koordinatörü: Sinan Köseoğlu
Editör: Furkan Akderin

Baskı: Dörtel Matbaacılık
Zafer mah. 147. Sk. 9-13A
Esenyurt/İstanbul
Tel.: (0212) 565 11 66
Matbaa sertifika no: 40970

1. baskı: Say Yayınları, 2021

Say Yayınları
Ankara Cad. 22/12 • TR-34110 Sirkeci-İstanbul
Tel.: (0212) 512 21 58 • Faks: (0212) 512 50 80
www.sayyayincilik.com • e-posta: say@sayyayincilik.com
www.facebook.com/sayyayinlari • www.twitter.com/sayyayinlari
www.instagram.com/sayyayincilik

Genel dağıtım: Say Dağıtım Ltd. Şti.
Ankara Cad. 22/4 • TR-34110 Sirkeci-İstanbul
Tel.: (0212) 528 17 54 • Faks: (0212) 512 50 80
internet satış: www.saykitap.com • e-posta: dagitim@saykitap.com

İÇİNDEKİLER

ÖNSÖZ

Hititlerin yaşadığı önemli bölgenin keşfi, "kadim tarihin öyküsü" olarak tanımlanır. Hiçbir şey Eski Ahit'le yakın ilişkisi bulunan, seçkin bir ırktan gelen bu unutulmuş halkın yeniden canlandırılması kadar ilginç olamaz. Bu kitabın ilerideki sayfalarında bu canlandırmanın Mısır ve Asur yazıtlarının, Küçük Asya'daki garip görünümlü anıtların ve hâlâ tam çözümlenememiş hiyerogliflerin değerlendirilmesiyle nasıl başarıldığı sergilenecek. On yıl öncesine kadar bu "öykü" dile getirilemiyor ve Hititlerin dünya tarihinde oynadığı rol bilinmiyordu. Ama artık bizler İbrahim'in dostları ve Uriya'nın mensup olduğu ırk konusunda daha fazla bilgi sahibiyiz.

Bu konuda giderek artan ilginç yayınlar yapıldı ve ilk girişim benim 1880'de kaleme aldığım "Hitit Anıtları Hakkında" başlıklı makalem oldu. Bunu 1886'da ikinci baskısı yapılan Dr. Wright'in *Hitit İmparatorluğu* isimli muhteşem eseri ve bir yıl sonra Paris'te yayınlanan Profesör Perrot ile M. Chipiez'in *L'Historie de l'Art dans l'Antiquite* başlıklı görkemli yapıtının dördüncü cildi izledi. Bol resimli olan bu son eser Hitit mimarisini ve sanatını gözler önüne serdi.

Hititlerin kendilerine özgü hiyeroglifleri ile bize bıraktıkları yazıtların da sırlarının açıklanması uzun sürmeyecek. Gerekli olan tek şey daha fazla malzeme; böylece bugüne kadar yapılan çalışmaların gerçeği yansıtıp yansıtmadığını göreceğiz. Gerek Binbaşı Conder'in gerekse Mr. Ball'un kendine özgü olan yazıtları çözümleme yöntemi diğer bilim adamları tarafından onaylanmadı. Ama son yıllarda elde edilen başarıların ışığında çok geçmeden Hititlerin dili ve yazısı konusunda da onların sanatı ve uygarlığı oranında bilgi sahibi olacağımızdan eminim. Dr. Wright'ın dediği gibi, "Bu yazıtların dilini çözmeye ve sırlarını öğrenmeye çalışmamız gerekiyor; burada amacımız ilginç bulgulara ulaşmak ve bir teori oluşturmak değil, bunların içeriğini öğrenmek. Doğru yöntemler kullanarak Batı bilimcilerini tatmin edecek ve ilahi gerçeği doğrulayacak sonuçlara ulaşacağımıza eminim."

A.H. SAYCE.
QUEEN'S COLLEGE, OXFORD.
Ekim 1888.

GÖRSEL LİSTESİ

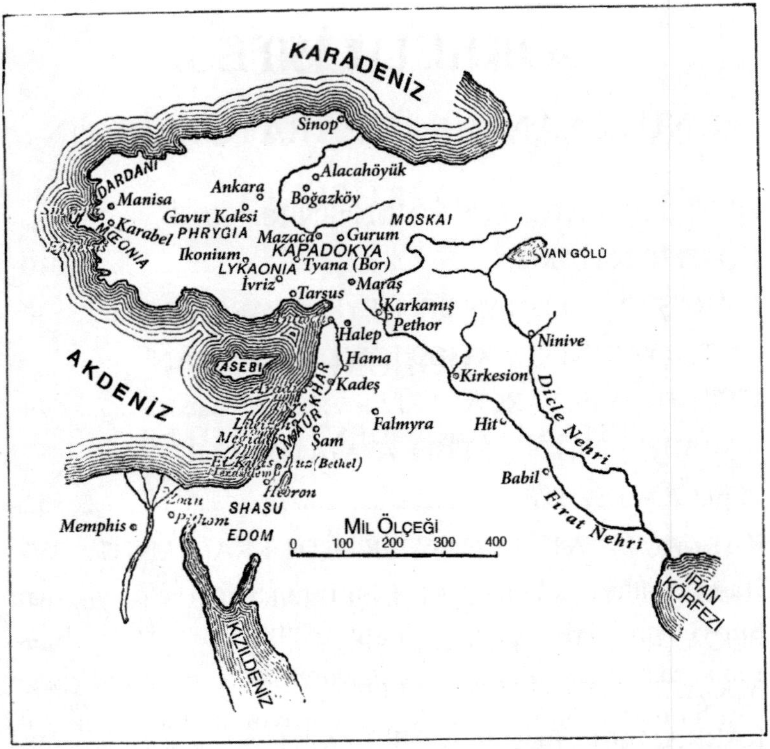

Hitit İmparatorluğu'nun sınırlarını gösteren harita.

HİTİTLER

UNUTULAN BİR İMPARATORLUĞUN ÖYKÜSÜ

BÖLÜM I:

KİTÂB-I MUKADDES'TE HİTİTLER

İkinci Krallar kitabında (vii, 6) Tanrı'nın Samarya'da yaşayan Suriyelilere korku saldığı anlatılıyor: "Birbirlerine, eyvah, İsrail kralı bizi Hitit krallarına karşı koymakla görevlendirdi ve şimdi de Mısır kralları üzerimize yürüyor, dediler." Yaklaşık kırk yıl önce önde gelen bir bilim adamı bu bölümü eleştirdi, "Bu bölümün tarihe ters düşen ifadesi bize inandırıcı gelmiyor," dedi. "Hiçbir Hitit kralı, adı bile geçmeyen, oysa gerçek ve yakın bir dost olan Yehuda kralı ile kıyaslanamaz ... ayrıca burada çağdaş tarihe hiçbir atıfta bulunulmuyor."

Son dönemdeki bulgular bu eleştirmenin itirazını geçersiz kıldı. O çağın tarihinden habersiz olan Eski Ahit yazarı değil bizzat kendisi idi. Hititler gerçekten güçlüydüler. Elyesa'dan yüzyıllar öncesinde Mısırlılarla birlikte Batı Asya'daki imparatorluğa karşı direndiler ve Yehuda döneminde güçleri azalmış olsa da hâlâ çekinilecek bir düşman ve güvenilir bir müttefik idiler. Halen Mısır'daki bölünmüş krallıkla kıyaslanabilirlerdi ve Yehuda'dan çok daha güçlü durumda idiler.

Oysa Eski Ahit'in daha sonraki kayıtlarında onlardan söz edilmiyor. Hititlerin en güçlü dönemi İsrail Krallığı'nın ortaya çıkışından daha öncesine rastlıyor, hatta İsrail'in Kenan topraklarını işgalinden öncesine. Eski Ahit'in daha sonraki tarihlere ait bölümlerinde kendilerinden çok az söz ediliyor. Beth-el'i Yusuf'a teslim eden hain Hitit topraklarına kaçtı ve orada Luz adını verdiği bir kent kurdu. (Hakimler, i, 26) Bay Tomkins bu kentin Mısır Kralı II. Ramses tarafından ele geçirilen Latsa olduğuna inanıyor ve bunu Suriye'nin kuzeyindeki Qalb Loze olarak tanımlıyor. Her hâlükârda, Septuagint okunamayan Tahtim-hodshi'yi Hititlerin Asi Vadisi'ndeki en güçlü Kadeş kenti olarak belirtmekte. Davut'un İsrail'e gönderdiği subaylar, İsrail Krallığı'nın kuzey sınırındaki Hama girişinde yer alan bu kentten geçerek ilerliyorlar. Son olarak, Süleyman döneminde tekrar Hititlerden söz edilmekle beraber (1. Krallar, x. 28-29) bu bölümün anlamı biraz gizlidir. Düzeltilen bölümde şu sözler yer alıyor: "Ve Süleyman'ın sahip olduğu atlar Mısır'dan çıkarıldı ve kralın tacirleri onları satın aldı. Sonra bir savaş arabası geldi ve Mısır'dan altı yüz şekel değerinde gümüş ve yüz elli şekele de bir at alındı; bunların hepsi Hitit ve Suriye kralları içindi." Aslında Yahudi tacirler Mısır ile kuzey arasında aracılık yaparak Mısır'daki atları yalnızca İsrail kralı için değil Hitit kralları için de satın almaktaydılar.

Eski Ahit'in daha sonraki tarih kitaplarında kentlerinden ve prenslerinden söz edilen Hititler kuzeyde bulunmaktaydılar ve Asi Nehri üzerindeki Hama ve Kadeş onların en güneydeki kentleriydi. Oysa Yaratılış kitabı başka Hititlerden söz ediyor onlara "Heth'in çocukları" adını veriyor; bunlar

Filistin'in en güneyinde yerleşmiş durumdaydılar. İbrahim Hebron'daki Machpelah (Atababalar) Mağarası'nı "Hititli Efron'dan" satın alıyor (Yaratılış, xxiii) ve Esav Hititli Beeri'nin kızı Yudit ile ve Hititli Elon'un kızıyla Basemat ile (Yaratılış, xxvi, 34) ya da başka bir kaynakta Hititli Elon'un kızı Ada ile (Yaratılış, xxxvi, 2) evleniyor. Yaratılış kitabının onuncu bölümündeki etnografya cetvelinde adı geçen "Kenan'ın ilk oğlu Sidon ve Heth" bu Hititler olmalı; aksi takdirde Zülkifl'deki (xvi, 3, 45) "Kudüs'ün babası bir Amori, annesi bir Hititli idi" tanımlaması açıklanamaz. Davud'un en güvenilir subayı Hititli Uriya da, kuzeydeki Hititlerden değil onun yedi yıl yönettiği Hebron civarından gelmiş olmalı. Zaten bunlar kısmen Kudüs'ü oluşturan, Hebron civarında kümelenmiş küçük bir Hitit topluluğu idi.

Kâhin Kudüs'ün Hititlerin yanı sıra Amoriler tarafından kurulduğunu ileri sürüyor. Dolayısıyla Davud'un ele geçirdiği kentte yaşayan Yevusitlerin de bu iki ırktan birine ya da her ikisine mensup olmaları gerek. Her halükârda başka kaynaklarda da Hititler ile Amorilerin arasında sıkı bağlar olduğunu görüyoruz. Bu nedenle İbrahim döneminde Hebron'da sadece Hititli Efron değil, aynı zamanda Amorili Mamre'nin üç oğlu yaşamaktaydı (Yaratılış, xiv, 13). Mısır belgeleri bu iki ulusun Asi Irmağı üzerindeki Kadeş'te bir ittifak içinde olduklarına işaret ediyor. Kadeş, Hititlerin önemli bir kalesi idi; aynı zamanda "Amaur ya da Amorilerin ülkesi" olarak tanımlanıyor ve kralın Hititlerin değil Amorilerin fiziksel özelliklerini taşıdığı belirtiliyor. Daha kuzeyde Hititlerin yaşadığı topraklarda kent isimleri Amori dilinde ve Şam'ın yer aldığı bölge olan Gar-emeris'de "Amorilerin Gar'ı" olarak anılıyor (Yaratılış, xlviii,22). Yakup, Şekem'i Amorilerin elinden aldı ve Amorilerin Og ve Sihon kralı Ürdün'ün doğu kesiminde önemli izler bıraktı. Filistin'in güneyinde Kadeş-barnea'nın bulunduğu dağlar Amorilerin elindeydi (Yaratılış, xiv, 7; Yasanın Tekrarı, i, 19-20) ve Çölde Sayım, xiii, 29'dan öğrendiğimize göre, Amalekler ülkenin güneyinde, Kenanlılar deniz kenarında ve Ürdün Vadisi'nde yerleşmişken Hititler, Yevusitler ve Amoriler daha içerilerdeki dağlarda birlikte yaşıyorlardı. Yusuf'un savaştığı beş Amori kralı arasında Kudüs ve Hebron kralları da vardı.

Sonuç olarak, budun bilimcilerin çağdaş Keltlerin ataları olarak belirlediği Hititler ve Amoriler, Filistin dağlarında bir arada yaşamaktaydı. Öte yandan Mısır anıtları bize onların farklı köken ve yapıya sahip olduğunu ileri sürüyor. Hititler sarı benizli, Moğol'a benzer tiplerdi ve kendi anıtlarında da yassı ve geniş alınlı, çekik gözlü, çıkık çeneli olarak temsil edilmekteydiler; dolayısıyla Mısırlı sanatçıları düşmanlarını karikatürize etmekle suçlayamayız. Mısırlılar, Hititleri çirkin olarak canlandırmışsa gerçekten öyle oldukları içindi. Amoriler ise aksine uzun boylu ve yakışıklı idiler. Tıpkı beyaz ırka mensup olanlar gibi beyaz tenli, mavi gözlü, kızıl saçlı idiler. Mr. Petrie, onlar ve Yunan denizlerindeki beyaz tenli kabileler ile Kuzey Afrika'daki açık renkli Libyalılar arasındaki bağlantıyı oluşturan, Küçük Asya'daki Truvalılar arasındaki benzerliğe dikkat çekiyor. Çok sayıda Libyalı halen Fas'tan doğuya uzanan dağlık bölgede yaşamakta ve genellikle Fransızlar tarafından Kabiliyeliler olarak anılmaktadır. Onlarla ilk kez Cezayir'de karşılaşan bir gezgin İngiliz Adaları'nda yaşayan belli bir kesime olan benzerliklerini hemen fark edebilir. Onların beyaz, çilli derileri, mavi gözleri, altın sarısı saçları ve uzun boyları İrlanda'daki köylerde yaşayan Keltleri çağrıştırır. Dolikosefal ya da "uzun" diye tanımlanan kafatasları halen yaşadıkları ülkedeki tarih öncesi höyüklerde bulunanları andırdığı için bunların Mısır anıtlarındaki beyaz tenli Libyalıların soyundan geldiği sonucuna varabiliriz.

Kabiliyelilerin eski Libyalıların soyundan geldiğini varsaydığımız gibi, Filistin'de de Amori soyundan geldiğini düşüneceğimiz beyaz tenli, mavi gözlü insanlarla karşılaşmaktayız. Amori soyunun İsraillilerin Kenan'ı fetihlerinden sonra da sürdüğünü biliyoruz. Büyük Karnak Tapınağı'nın duvarlarında resmedilen, Rehav'am döneminde Shishak tarafından Yehuda'nın güneydeki kentlerden ele geçirilen esirler Amori soyundan gelmekteydi. Mr. Tomkins'e göre onlar düzgün profilleri, çıkık şakakları ve savaşçı duruşları ile Yahudilerden ziyade Amorileri andırmaktadır.

Beyaz ırkın önde gelen özelliği uzun boylu olmasıdır. Bu nedenle, Hebron'da yaşayan Amorili Anakim halkı Musevi casuslara dev gibi görünmüş, onların yanında "çekirge" gibi kaldıklarını hissetmiş olmalılar (Çölde Sayım, xiii, 33). İsrail'in istilasından sonra Anakim halkından geri kalanları yaşamlarını Gazze, Gat ve Aşkelon'da sürdürdüler (Yeşu, xi, 22); Gatlı David Golyat ve onun devasa aile fertleri komşularına korku saldılar (2. Samuel, xxi, 15-22).

Sonuç olarak, Kenanlı Amoriler, Kuzey Afrika'daki Libyalılar ile aynı beyaz ırka mensuptular ve onlar gibi sıcak düzlükler ve vadiler yerine dağlarda yaşamayı yeğlediler. Libyalılar İber Yarımadası ile Fransa'nın batı kesiminde ve İngiliz Adaları'nda yaşayanlarla aynı ırktan gelmekteydi. Bu ırkın yaşadığı yörelerde her zaman dikilitaşlara ve yontulmamış kayalara oydukları mezar odaları mevcuttur. Bu taşlar yere dik olarak yerleştirilmekte ve başka büyük taşlarla örtülmekte, sonra mezar odası küçük taşlardan ya da topraktan oluşan bir kümbet altına gizlenmekteydi. Mezar odasına genellikle bir tür koridordan geçilerek giriliyordu. Bu mezar odaları İngiltere'de, Fransa'da, İspanya'da, Kuzey Afrika'da ve Filistin'de, özellikle Ürdün'ün doğusunda mevcut ve bunlardan çıkarılan kafatasları dolikosefal ya da uzun tipte.

Amorilerle ilgili son araştırmaların bulguları üzerinde bu kadar uzun durmamızın nedeni, onların daha sonra kaynaştıkları Hititlerle olan farklarını ortaya koymak. Onlar Hititlerin gelmesinden çok önce Filistin'de yaşamaktaydılar. Çok geniş bir alana yayılmış olmalılar, zira Amorilerin iki güçlü krallık kurdukları Şekem ya da Ürdün'ün doğusunda Hititlerden hiçbir ize rastlanmıyor. Öte yandan Eski Ahit'de Amorilerden ilk kez söz edildiğinde (Yaratılış, xiv, 7) onların Hazezon-tamar, ya da Ölü Deniz sahilindeki En-gedi'de yaşadığı belirtiliyor ki Hititler hiçbir zaman buralara yerleşmediler. Dahası, Filistin'deki Hitit topluluğu Yehuda Dağları'nın küçük bir bölümüne yerleşmişti: Aslında onlar, Amorilerin nispeten daha zayıf olduğu kuzeyde güçlüydüler. Asi Irmağı üzerindeki Kadeş'in Hititlerin egemenliğinde olduğu doğru ama aynı zamanda burası "Amorilerin toprağı" olarak anılıyor, bu da asıl sahiplerinin onlar olduğunu gösteriyor. Buraya ilk yerleşenlerin Amoriler olduğunu varsaymak ve bir kısmının daha sonra buraya gelen Hititlerle evlilikler yoluyla kaynaştıklarını düşünmek zorundayız. Bunun hangi dönemde gerçekleştiğini ise halen bilmiyoruz.

BÖLÜM II:

MISIR VE ASUR ANITLARINDA HİTİTLER

Bir önceki bölümde Eski Ahit'de "Heth çocukları hakkında" hangi ifadelerin yer aldığını gördük. Bunlar Süleyman döneminde Suriye'nin kuzeyinde krallar tarafından yönetilen, komşularından çok güçlü, önemli bir halk idi. Öte yandan bunların bir kolu Filistin'in en güneyindeki dağlarda Amorilerle birlikte yaşamaktaydılar ve Kudüs'ün kuruluşuna katkıda bulunmuşlardı. İbrahim Hebron'daki Machpelah Mağarası'nı bunlardan biri olan Zohar'ın oğlu Efron'dan satın aldı ve Esav'ın eşlerinden biri Hitit soyundan gelmekteydi. Daha sonra Hititli Uriya Davud'un önde gelen subaylarından biri oldu ve karısı Batşeba sadece Süleyman'ın annesi değil, aynı zamanda Hasreti İsa'nın atalarındandı. Bu yüzden bu Yehudalı Hititler ile özellikle ilgilenmekteyiz.

Mısır ve Asur yazıtlarının okunabilmesi bunların kökenine ve geçmişine yeni bilgiler ekledi ve onların uygar doğu tarihinde önemli bir rol oynamış olduklarını gösterdi. Mısır anıtlarında onlardan Kheta (hatta Khata), Asurlularınkinde ise Khatta ya da Khate olarak söz edilmekte; her iki sözcük de İbrani dilindeki Kheth ve Khitti ifadeleriyle eşdeğerdedir.

Kheta ya da Hititler ilk kez On Sekizinci Mısır Hanedanlığı döneminde sahneye çıkıyorlar. Hiksos ya da Çoban prenslerin yönetimi yıkılmış ve Mısır bağımsızlığını kazanmıştır ve krallar Asyalı işgalcilerin ülkelerine uyguladıkları zulmün öcünü almak peşindedirler. Asyalıları Delta'dan kovmak için başlatılan savaş onların Filistin ve Suriye'deki topraklarına yapılan saldırılarla sonuçlanır. I. Thutmose (yaklaşık M.Ö. 1600) Fırat kıyılarına kadar ilerledi ve imparatorluğun sınırlarını Naharina eyaletine kadar genişletti. Eski Ahit'te Aram Naharaim ya da "İki nehirli Suriye" diye anılan Naharina, daha genel olarak Mezopotamya bölgesi olarak tanımlanmaktadır ve son araştırmalarla yeri tam olarak belirlenmiştir. Asurlular bu bölgeye Mitanni adını vermekte ve Fırat'ın doğu kıyısında, Karkamış ile Balikh Irmağı ağzı arasındaki "Hitit topraklarının önü" olarak tanımlamaktadır. I. Thutmose döneminde burası Batı Asya'nın başat devletiydi. Hititler henüz güçlenmemişlerdi ve Mısır kralının en büyük düşmanı daha sonra Tilgath-pileser tarafından yönetilecek olan halk idi (Hakimler, iii. 8). Hititler ancak I. Thutmose'nin oğlu III. Thutmose döneminde öne çıkacaklardır. Hititler "Büyük" ve "Küçük" olarak ikiye ayrılırlar, sonuncular ile muhtemelen Yehuda'nın güneyindekiler kastedilmektedir. Her halükârda Thutmose "geniş Kheta topraklarının kralından" altın, siyahi köle, erkek ve kadın hizmetkâr ve öküzden oluşan armağanlar aldı. Hititlerin o dönemde Kadeş'e sahip olup olmadıklarını bilmiyoruz. Ama eğer olsalardı, Megiddo surları çevresinde Mısırlılara karşı verilen ve Thutmose lehine sonuçlanan savaşta yer alırlardı.

Thutmose ölmeden önce Mısır'ın Filistin ve Fırat kıyılarına kadar Suriye ve Naharina ülkesine egemen olmasını sağladı. En cesur subaylarından biri mezarının duvarında Halep civarında düşmanı nasıl esir aldığını, efendisi Hititlerin güçlü kalesi Karkamış'a saldırırken, kendisinin Fırat sularını nasıl aştığını anlatıyor. Asi üzerindeki Kadeş zaten teslim olmuştu ve bir süre tüm Batı Asya, Mısır kralına boyun eğdi, hatta Asur kralı bile ona armağanlar göndererek dostluğunu kazanmak istedi. Mısır İmparatorluğu doğuda Naharina topraklarından kuzeyde "Hititlerin geniş arazisine" kadar uzanmaktaydı.

Öte yandan güçlü komşular uzun süre barış içinde kalamazlardı. Bir yazıt parçasında III. Thutmose'un torunu IV. Thutmose'un ilk seferini Hititlere karşı düzenlediğini ve IV. Thutmose'un oğlu ve ardılı olan III. Amenhotep'in Naharina kralı ile evlilik bağı aracılığıyla barış sağlamak zorunda kaldığı belirtiliyor. Bu evlilik Mısır için beklenmedik sonuçlara yol açtı. Yeni kraliçe sadece kendi adını ve geleneklerini değil inancını da beraberinde getirdi. Teb'deki Amon'a ve Mısır'ın diğer tanrılarına tapınmayı reddetti ve kendi atalarının tapındığı bir güneş kursundan oluşan dinine inanmayı sürdürdü. Hitit anıtlarında bu dinin Kuzey Suriye'de egemen olduğu görülüyor. Fırat kıyısındaki Birecik'ten British Museum'a getirilen kral heykelinin tepesinde kanatlı bir güneş kursu yer alıyor; hatta uzaklarda, Küçük Asya'nın kuzeyindeki Boğazköy'de bile kayalara oyulmuş Hitit heykellerinin üzerinde kanatlı güneş kursu mevcut.

III. Amenhotep'in oğlu IV. Amenhotep annesinin dini çerçevesinde eğitim görmüştü ve tahta geçince bu dini tebaasına zorla benimsetmek istedi. Güçlü Teb rahipleri bir süre buna direndiler ama sonunda kral "güneş kursunun parıltısı" anlamına gelen Khu-n-Aten adını aldı ve Teb'i ve oradaki tapınakları terk ederek yakınlarda yeni bir kent kurdu. Bu kent Nil'in doğu yakasında, Asyut'un kuzeyinde yer almakta ve buradaki kalıntılar yerli halk tarafından "Tel el-Amarna" adı ile anılmaktadır. Kent bu yeni dine inananlarla dolup taştı; bunların mezarları doğudaki çölü çevreleyen dağlarda keşfedilmeyi bekliyor. Öte yandan kent uzun süre hayatta kalamadı. Dindar Khu-n-Aten'in ölümünden sonra tahta geçen bir-iki prens onun inancını sürdürmeye çalıştılar ama uzun süre iktidarda kalamadılar, onların ardılı kral derhâl atalarının inancına geri dönüş yaptı. Khu-n-Aten kenti terk edildi ve ulaşılan buluntular burada bir daha yerleşim olmadığını gösteriyor.

Kalıntılar arasındaki bir buluntu Büyük Göç'ten bir asır önceki doğu yaşamı hakkında beklenmedik bir bilgi içeriyor. Bu, Ninova ve Babil höyüklerinden çıkarılanlara benzer ve onlar gibi Asur-Babil dilinde çivi yazısı ile yazılmış çok sayıda kil tablet. Çoğunluğu Filistin, Suriye, Mezopotamya ve Babil yöneticileri ve kralları tarafından Khu-n-Aten ve babası III. Amenhotep'e gönderilmiş belgeler ve o dönemde evrensel dilin Babil dili olduğunu ve resmi yazışmalarda karmaşık çivi yazısının kullanıldığını gösteriyor. Bunların büyük bir kısmı Khu-n-Aten tarafından Teb arşivlerinden Tel el-Amarna'daki yeni kentine taşınmış ve geri kalanı ise yeni kentin kuruluşundan sonra alınıp arşivlenmiş. Bunlardan Hititlerin artık güneye doğru ilerlemekte olduklarını ve bunun Mısır kralına bağlı yönetici ve müttefiklerini çok endişelendirdiğini öğreniyoruz. Kuzey Suriye'den gönderilen biri Mısır kralından acil destek talebinde bulunuyor.

Khu-n-Aten'in dindarlığı Mısır'da sıkıntı ve bölünmelere yol açtı ve tahta geçenler Suriye'den çekilmek zorunda kaldı. Dolayısıyla Mısırlı generaller müttefiklerine yardım etmek şöyle dursun Hitit orduları ile baş edemez duruma geldiler. On Dokuzuncu Hanedanlığı kuran I. Ramses Hitit Kralı Sapel ile barış antlaşması imzalamak, böylece Hititlerin Mısır'la eşdeğer bir güce sahip olduğunu kabullenmek zorunda kaldı.

O andan itibaren artık bir Hitit İmparatorluğu'ndan söz etmek mümkün. Kadeş bir kez daha Hititlerin egemenliği altına girdi ve Mısır'ın Filistin ve Suriye'deki egemenliği de rakibinin eline geçti. Toroslar'daki kaba saba dağ köylüleri güneyin bereketli topraklarına inerek, Babil ile Kenan arasındaki bağlantıyı kesip Kalde'nin çiviyazısı yerine kendi hiyerogliflerini uygulamaya koydular. Dolayısıyla Babil dili de artık diplomasi ve eğitim dili olmaktan çıktı.

Ramses'in oğlu ve ardılı olan I. Seti döneminde Mısır yeniden güçlendi. I. Seti, Bedevileri ve diğer çapulcuları çöle doğru sürdü ve Suriye'de savaş başlattı. Filistin kentleri yeniden Mısır garnizonlarına dönüştü; Seti'nin kumandasında ordular Asi Nehri'ne kadar ilerlediler ve ani bir baskın ile Kadeş'i ele geçirdiler. Bunun üzerine Mısır ile Hitit arasında başlayan bu savaş yarım yüzyıl sürdü. Sonunda Mısır bitkin düştü ve yazarların ve ozanların kahramanlık destanlarına karşın Küçük Asya'daki tüm topraklarını düşmanına devredecek bir barış antlaşması imzaladı.

Savaşın başında zafer kazanan Seti oldu. Ordularını bir kez daha Fırat'a ve Naharina sınırlarına doğru sürdü ve Hitit Kralı Mautal'ı barış istemek zorunda bıraktı. Lübnan'daki yerliler onu coşkuyla karşıladılar ve Nil'deki gemileri için sedir ağaçlarını kestiler.

Oysa Seti ölünce Hititler bir kez daha Kadeş'i ele geçirdiler ve oğlu II. Ramses ile savaşmaya başladılar. II. Ramses uzun iktidar döneminde sürekli olarak bu güçlü düşmanıyla başa çıkmaya uğraştı. Savaşta durum sürekli değişti. Kimi zaman Mısırlılar muzaffer oldular, kimi zaman da Hititler. Aslında en büyük zararı gören Kenan kentleri oldu. Toprakları düşman orduların akınları ile toza dumana bulandı, kentleri kâh kuzeyden gelen Hititler, kâh güneyden gelen Ramses'in askerleri tarafından talan edildi. Ramses döneminde buraya gelen Mısırlı bir seyyah halkın karada kısa süre önce yakıp yıkılan kenti terk ederek adadaki Sur'a kaçtığını anlatıyor. Artık onların İsrail saldırılarına neden hemen hiç direnmediklerini anlayabiliyoruz. Büyük Göç zalim Firavun II. Ramses'in ölümünden hemen sonra gerçekleşti. Yusuf Filistin'e girdiğinde darmadağın olmuş bir halk ve bir asır önceki uzun ve korkunç savaşlardan tükenmiş bir ülke ile karşılaştı. Hititler, İsrail'in Kenan ülkesini fethinin yolunu açmış oldular.

Oldukça ünlü bir Mısırlı ozan olan Pentaur, Ramses'in Hititlere karşı gerçekleştirdiği ilk seferdeki kahramanlıklarını anlatan bir şiir yazmış. Burada Mısır kralının Kadeş surları önünde gösterdiği cesaretten esinlenmiş ama şair onu insanüstü bir kahraman olarak resmediyor ve şiiri bize Yunanların İlyada'sını anımsatıyor. Öte yandan şiirdeki ayrıntılar o döneme ışık tutmakta ve bize Hitit Imparatorluğu'nun ne kadar güçlü olduğunu göstermekte. Kral yalnızca Suriye'deki uyruklarını değil Küçük Asya gibi uzak ülkelerdeki müttefiklerini de yardıma çağırabiliyor. Karkamış'taki tacirler, Arvad Adası'ndaki halk, Truva'daki Dardanyalılar ve Lidya'daki Maionialar krala boyun eğmekteydiler. Fırat kıyılarından Ege sahillerine kadar uzanan ve Suriye'nin eğitimli Samilerini ve Yunan denizlerinin kaba saba barbarlarını kapsayan bir Hitit İmparatorluğu gerçeği vardı.

Ramses döneminin beşinci yılında (M.Ö. 1383) Mısırlı Homeros'u mutlu eden bir olay yaşandı. Mısır orduları Asi Nehri'ne ve Kadeş civarına doğru ilerlemişti. Orada esir alınan iki Bedevi Hitit kralının orduları ile kuzeyde Halep'te kamp kurmuş olduğunu ileri sürdü. Ama bu bilgi doğru değildi. Deniz kıyısındaki kumlar kadar kalabalık Hititler ve müttefikleri aslında pusuya yatmış durumdaydılar. İçlerinde Naharina'dan, Dardanya'dan, Mysia'dan ve Hititlerin yanında yer alan çok sayıda başka halktan askerler vardı. "Hitit kralı yola çıkarken geride hiç kimseyi bırakmamıştı. Sayılamayacak kadar çoktular. Dağları ve vadileri çekirgeler gibi kaplamış durumdaydılar. Halkın elinde ne altın ne de gümüş kalmıştı. Kral onların tüm varlıklarına savaşa gideceklere dağıtmak üzere el koymuştu."

Tüm ordu Kadeş'in kuzey batısında pusu kurmuştu. Birden ayaklanıp bugün Humus Gölü diye anılan Amoriler Gölü yanında dehşete kapılan Mısırlılara saldırdılar. Savaş arabaları ve atlar "Ra-Hormakhis'in askerlerine" saldırıyor ve "yayalar ve atlar onların önünden kaçışıyorlardı." Haber firavuna ulaştı. "O babası Ay gibi doğruldu, silahlarını kavradı ve Baal gibi zırhını giydi." Savaş arabasına koşulan "Teb Zaferi" isimli atı onu düşmana doğru taşıdı. Sonra o arkasına baktı ve tek başına olduğunu gördü. Hititlerin en cesur kahramanları onun geri çekilmesini engelledi ve düşmanın 2500 savaş arabası etrafını çevirdi. Düşmanın içinde terk edilmiş durumdaydı; yanı başında hiçbir prens, hiçbir subay yoktu. Firavun çaresizlik içinde tanrısı Amon'a seslendi: "Neredesin, Amon baba? Eğer bu babanın oğlunu unuttuğu demek oluyorsa, senin onaylamadığın bir işe giriştiğim ya da senin sözünden çıktığım oldu mu hiç? Hiçbir kuralına, emrine karşı çıkmadım. Sana direnenlere boyun eğdiren Mısır'ın ulu efendisi, gönlünde Asya halkına yer mi açtın? Amon Tanrıya inanmayanları dize getirir... Bak bana, Amon, birçok tanımadığım insan tarafından çevrilmiş durumdayım. Onlar kendi aralarında birleşmişler ve ben tek başımayım, yanımda kimse yok; savaşçılarım beni terk etmiş durumdalar. Onlara seslendim ama hiçbiri sesimi duymadı."

Ramses'in yakarışı yerine ulaştı. Amon "elini kaldırdı" ve düşmanlarına karşı firavuna yardım edeceğini bildirdi. O anda Ramses insanüstü bir güce kavuştu. "Sağ elimle ok atıyorum, sol elimle savaşıyorum," dedi. Onların gözünde Baal gibiydim. Orada 2500 savaş arabası vardı. Onlarla çevrilmiştim ama onların hepsi atlarımın ayakları altında parçalandılar." Savaş alanı cesetlerle doldu ve Hitit kralı korku içinde kaçtı. Prensler yeniden firavunun çevresini kuşattılar ama Ramses onları tekrar dağıttı. Altı kez Hititlere saldırdı ve altı kez onların saflarını bozdu ve kılıçtan geçirdi. Baal'in gücü Mısır kralının "kollarına ve bacaklarına" dolmuştu.

Sonunda askerleri ona yardıma geldiler ama zafer zaten kazanılmıştı ve firavunun tek yapması gereken ordusuna korkaklıkları ve miskinlikleri için çıkışmaktı. "Her birinize hak ettiğini vermedim mi?" diye haykırdı. "Neden beni düşman içinde tek başıma bıraktınız? Beni terk ettiniz, hayatım tehlikedeydi ve sizler rahat rahat nefeslendiniz ama ben tek başımaydım. Gönlünüzden benim size siper olduğumu geçiremediniz mi? Askerler değil kraliyet savaş arabası ve atları ödül hak ediyor ve kral sağ salim ülkeye döndüğünde bu ödülleri alacaklar. "Böylece Ramses "güçlü bir zafer kazanmış olarak döndü; yüz binlerce kişiyi tek bir koluyla yok etmişti."

Ertesi gün şafak vakti yeniden savaşmak istedi. Tacının üstünde parıldayan yılan düşmana zehir saçtı. Düşman onun bir önceki gün tek başına sergilediği kahramanlıktan ürktüğü için yeniden savaşmaktan çekindi. Uzakta durdular ve yere kapanıp kraldan aman dilediler. Kral onlardan çok üstündü ve kaçmalarına fırsat vermeden hepsini katletti. Cesetler kanlar içinde atların önüne serildiler. Bunun üzerine Hitit kralı ona bir elçi gönderdi. Elçi ona şöyle dedi: "Sen Ra-Hormakhis'sin. Hitit ülkesinde terör estirmektesin, zira Hititlerin boynunu sonsuza dek kırmış durumdasın."

Ramses'in ordusu elçinin bundan böyle Mısırlılarla Hititlerin "kardeşçe yaşaması" dileğini olumlu karşıladı. Bunun üzerine bir antlaşma imzalandı ama bu kısa sürede ihlal edildi ve iki hasım arasında ancak on altı yıl sonra barış sağlanabildi.

Pentaur'un destanına esin kaynağı olan kahramanlık aslında Mısır ordusunun nasıl engellendiğini de ortaya koymakta. Sonuç olarak Kadeş'i geri almak için hiçbir girişimde bulunulmadı ve ozan dahi Mısırlı askerlerinin düşmanla anlaşmayı yeğlediğini kabul ediyor. Öte yandan Hititlerle savaş devam etti; firavunun iktidarının sekizinci yılında Filistin'e saldırıldı ve "Amoriler ülkesinde" Dapur ya da Tabor dahil birçok kent ele geçirilirken güneyde Aşkelon'a ve kuzeyde Tunep ya da Tennib kentine seferler düzenlendi. Ramses iktidarının yirmi birinci yılında nihayet kalıcı bir barış antlaşması imzalanırken içerdiği koşullarda "Hititlerin ünlü kralının" Mısır kralı ile aynı düzeyde bulunduğu görülüyor; hatta daha sonra efsanelerde Yunanlıların Sesostris'i ile eşdeğer tutulan Ramses bile Hititli rakibinin gücünü kabullenmek zorunda kaldı. Antlaşma firavunun Hitit kralının kızı ile evliliği daha da geçerli kılındı.

Mısır dilindeki metninin tamamına sahip olduğumuz antlaşma sadece bir ilk olduğu için değil aynı zamanda içeriği açısından da dikkat çekiyor. Şöyle yazılmış:[1]

"Yirmi bir yılının Tybi ayında, ayın yirmi birinci gününde, ölümsüz Amon-Ra (Tebli), Hormakhu (Heliopolisli), Ptah (Memphisli), Asher Gölü'nün (Karnak yakınında) azizesi Mut, barışsever Khonsu'nun bendesi Kral Ramessu Miamun fanilerin huzurunda Horus tahtına otururken her zamankinden çok babası Hormakhu'ya benzemektedir.

"O gün Kral Ramses'in kentinde babası Amon-Ra'ya, Hormakhu-Tum, Ramessu-Miamunlu Ptah ve Tanrıça Nut'un güçlü oğlu Sutekh'e adaklar adayarak kendisine 30 yıl boyunca şenlikler, sayısız mutlu yıllar ve tüm halkların ayaklarına kapanmasını sağlamalarını diledi.

"Sonra ünlü Kheta Kralı Kheta-sira'nın babası Güneş Tanrısı gibi ölümsüz olan Kral Ramessu Miamun'a dostluk adına gönderdiği kralın elçisi ve saray erkanından Adon ilerledi ve (....isimleriyle sefirleri) tanıttı.

"İşbu gümüş tablet, ünlü Kheta Kralı Kheta-sira'nın hazırladığı ve elçileri Tartisebu ve Ra-mes eliyle firavuna sunduğu, prenslerin boğası ve dilediği her yere mührünü basan Kral Ramessu Miamun'a dostluk önerisinin suretidir."

"Sapalil'in torunu, ünlü Maur-sira'nin oğlu ünlü Kheta Kralı Kheta-sira'nın önerdiği barış antlaşması gümüş tablet

---

1 Bu çeviri Brugsch'un *Mısır Tarihi* isimli eserinin İngilizce çevirisinin ikinci basımında yer almaktadır.

ile büyük Mısır kralı I.Ramessu'nun torunu, güçlü Meneptah-Seti'nin oğlu Ramessu Minamun'a sunulmaktadır; bu bir dostluk ve uyum antlaşmasıdır ve her zamankinden daha uzun bir süreç için barış (ve uyum) sağlayacaktır. Zira hem ünlü Mısır kralı hem de Kheta'nın ünlü kralı tanrının aralarında düşmanlık yaşanmasına izin vermeyeceği konusunda hemfikirdirler.

"Kardeşim ünlü Kheta Kralı Mautal Mısır'ın ünlü prensi (Meneptah Seti) ile savaşmaktaydı.

"Ama bugünden itibaren Kheta'nın ünlü kralı Kheta-sira tanrı Ra'nın ve tanrı Sutekh'in Mısır ve Kheta halkı arasında asla düşmanlık yaşanmamasını öngördüğü antlaşmayı kabul etmektedir."

Antlaşma koşulları aşağıdadır:

"Kheta'nın ünlü kralı Kheta-sira Mısır'ın ünlü prensi Ramessu Miamun'a bugünden itibaren aralarında sonsuza dek iyi bir dostluk ve anlayış sağlanacağını taahhüt eder.

"Sonsuza kadar o benim müttefikim ve dostum olacak; ben onun müttefiki ve dostu olacağım.

"Kheta'nın ünlü kralı kardeşim Mautal öldürüldükten sonra Kheta-sira babasının tahtına Kheta kralı olarak oturdu. Ünlü Mısır prensi Ramessu Miamun ile dost olmak istiyorum ve bu dostluk ve uyumun daha önce bozulandan çok daha sağlam olmasını arzu ediyorum.

"Kheta'nın ünlü kralı olarak beyan ederim ki Mısır'ın ünlü prensi (Ramessu Miamun) ile yakın dostluk ve uyum içinde olacağım. Kheta'nın ünlü kralının çocuklarının çocukları ve Mısır'ın ünlü prensi Ramessu Miamun'un çocuklarının çocukları da birlik ve dostluk içinde olacaklardır.

"Bu (halkların dostluğu) antlaşmamız çerçevesinde Mısır halkı Kheta halkı ile birlik ve dostluk içinde yaşayacak. Bu dostluk ve uyumun sonsuza kadar sürmesini diliyorum.

"Aralarında asla düşmanlık olmasın. Ünlü Kheta kralı asla Mısır topraklarına saldırmayacak ve yağmaya girişmeyecek.

"Ünlü Mısır prensi Ramessu Miamun Kheta topraklarının sınırlarının ötesine geçmeyecek ve yağmaya girişmeyecek.

"Ünlü Kheta kralı Sapalil zamanında ve kardeşim ünlü Kheta kralı Mautal döneminde imzalanmış olan antlaşmaya sadık kalacağım.

"Mısır'ın ünlü prensi Ramessu Miamun antlaşmaya sadık kalacağını beyan ediyor. (Birbirimizle bu konuda anlaştık) Karşılıklı olarak antlaşmanın koşullarını uygulayacağız ve dürüst davranacağız.

"Ünlü Mısır prensi Ramessu Miamun'un topraklarına bir düşman saldırısı olursa o ünlü Kheta kralına bir elçi gönderecek ve "Gel ve gücüme güç kat," diyecek. O zaman Kheta'nın ünlü kralı (savaşçılarını toplayacak) ve (gelip) düşmana saldıracak. Ama eğer ünlü Kheta kralı bizzat cepheye gitmek istemiyorsa o zaman düşmanın üzerine askerlerini ve savaş arabalarını sevk edecek. Aksi halde ünlü Mısır Prensi Ramessu Miamun çok öfkelenecek. Ve eğer ünlü Mısır Prensi Ramessu Miamun suçluları ülkesinden sürgün ederse ve bu suçlular ona karşı bir suç daha işlerlerse o zaman Kheta kralı onları öldürecek. Kheta'nın ünlü kralı Mısır'ın ünlü prensi ile birlikte hareket edecek.

"Ünlü Kheta kralının topraklarına bir düşman saldırısı olursa o ünlü Mısır prensine bir elçi gönderecek ve bütün gücüyle gelip düşmanlarını öldürmesini isteyecek. Ünlü Mısır Prensi Ramessu Miamun isterse (bizzat) gelip ünlü Kheta kralının düşmanlarına saldıracak. Bizzat cepheye gitmek istemiyorsa savaşçılarını ve çift atlı savaş arabalarını Kheta halkının talebine uygun olarak gönderecek.

"Uyruklarından biri ünlü Kheta kralına karşı suç işleyecek olursa Ramessu Miamun (ünlü Mısır Prensi onu kendi topraklarına kabul etmeyecek ve onu öldürmek üzere harekete geçecek)...yemin ederek şöyle diyecek: 'Mısır'ın ünlü prensi ölümsüz Ramessu Miamun...onları (?) tanrıya teslim oluncaya...kadar...yoluna devam edecek ve her zaman antlaşmaya uygun davranacak.'

"Ünlü Mısır Prensi Ramessu Miamun'un topraklarından kaçanları (hizmetkârları) ünlü Kheta kralı ülkesine kabul etmeyecek ve onları ünlü Mısır Prensi Ramessu Miamun'a iade edecek (böylece gerektiği gibi cezalandırılabilecekler.)

"Ünlü Mısır Prensi Ramessu Miamun'un hizmetkârları Kheta ülkesine gidip bir başkasının hizmetine girmeye kalkışırlarsa Kheta topraklarında kalamayacaklar, ünlü Mısır Prensi Ramessu Miamun'a gönderilecekler (teslim edilecekler).

"Diğer taraftan, eğer ünlü Kheta kralının hizmetkârları kaçmaya ve Mısır'da kalıp Ramessu Miamun'a sığınmaya kalkışırlarsa ünlü Mısır Kralı Ramessu Miamun onları huzura kabul etmeyecek ve ünlü Kheta kralına iade edecek.

"(Kasıtlı olarak) ülkelerinden ayrılan Khetalılar Mısır topraklarına gelip başkalarının hizmetine girmek isterlerse Ramessu Miamun onların burada yerleşmesine izin vermeyecek ve onları ünlü Kheta kralına geri gönderecek.

"İşbu barış antlaşması Mısır ve Kheta halkına duyurulacak, böylece bu gümüş tablette yazılanlara aykırı bir davranışta bulunmayacaklar. Burada söylenenler Mısır topraklarındaki tüm tanrı ve tanrıçalar tarafından onaylanmıştır. Onlar burada yazılanlara tanıklık etmektedirler.

Kheta tanrılarının listesi:

1. Tunep[2] kentindeki Sutekh
2. Kheta ülkesindeki Sutekh
3. Arnema kentindeki Sutekh
4. Zaranda kentindeki Sutekh
5. Pilqa kentindeki Sutekh
6. Khisasap kentindeki Sutekh

---

2 Bugün Kuzey Suriye'deki Tennib.

7. Sarsu kentindeki Sutekh
8. Khilip (Halep) kentindeki Sutekh
9. ...kentindeki Sutekh
10. Sarpina kentindeki Sutekh
11. Kheta ülkesindeki Astarta[3]
12. Zaiath-khirri topraklarının tanrısı
13. Ka ...topraklarının tanrısı
14. Kher... topraklarının tanrısı
15. Akh...kentinin tanrıçası
16. A..ua topraklarının ve ...kentinin tanrıçası
17. Zaina topraklarının tanrıçası
18. ...nath...er topraklarının tanrısı

"Kheta ülkesinin bu erkek ve dişi tanrıları benim yeminine tanıklık etmekteler. (Onlarla birlikte) Kheta ülkesinin dağlarının ve ırmaklarının tanrı ve diğer tanrıçaları, Qazauadana topraklarının tanrıları Amon, Ra, Sutekh ve Mısır ülkesinin tanrı ve tanrıçaları, dünyanın, denizin, rüzgârların ve fırtınaların tanrıları da tanıktır.

"İşbu gümüş tabletin içerdiği koşulların Kheta ve Mısır halkı için ne anlam taşıdığına gelince, bu kuralları uygulamayanlar evleri ve hizmetkârları ile birlikte Kheta ve Mısır tanrıları tarafından cezalandırılacaktır.

"Gümüş tabletteki kurallara uyan Kheta (ve Mısır) vatandaşı hizmetkârları ile birlikte Kheta ve Mısır tanrıları tarafından ömür boyu ödüllendirilecektir.

"Ünlü Kheta kralı Mısır vatandaşlarından ülkeden kaçıp kendisine sığınmak isteyenleri kabul etmeyecek ve onları Mısır'ın ünlü kralı Ramessu Miamun'a geri gönderecektir.

"Ünlü Mısır prensi Ramessu Miamun kendisine iade edilenleri cezalandırmayacak, onların evlerine, eşlerine ve çocuklarına el koymayacaktır. Aynı zamanda anneleri öldürül-

3 Antrata diye de okunur.

meyecek, gözleri, ağızları ve ayak tabanları işkenceye maruz kalmayacaktır; yani onlar hakkında herhangi bir cezai işlem yapılmayacaktır.

"Aynı uygulama, Kheta ülkesinden yalnız başına ya da iki üç kişiyle birlikte kaçıp ünlü Mısır Prensi Ramessu Miamun'a sığınanlar için de geçerlidir. Ünlü Mısır Prensi Ramessu Miamun, onları yakalayıp ünlü Kheta kralına teslim edecektir.

"Geri gönderilenler cezalandırılmayacaktır. Evlerine el konulmayacak, eşleri, çocukları, hizmetkârları ve anneleri öldürülmeyecek, gözleri, ağızları, ayak tabanları işkenceye maruz kalmayacak, kendilerine herhangi bir suçlamada bulunulmayacaktır.

"Gümüş tabletin ortasında ve ön yüzünde Tanrı Sutekh'in bir sureti ve 'Gökyüzünün ve (yeryüzünün) tanrısı Sutekh' ibaresi yer almaktadır. İşbu antlaşma Ünlü Kheta Kralı Kheta-sira tarafından kaleme alınmıştır..."

Barış antlaşmasında dile getirilenler Hitit İmparatorluğu'nun konumunu açıkça ortaya koyuyordu. İmparatorluk Nil kıyısındaki topraklara egemen olan son büyük Firavun Ramses'in imparatorluğu ile aynı düzeydeydi. Mısır'la birlikte Batı Asya'ya egemen olmuş ve Mısır kralını barış yapmaya zorlamıştı. Artık Mısır ve Hititler dünyanın iki süper gücü idi.

Antlaşma Hitit Prensi Kheta-sira'nın ulusal giysileri içinde Mısır'ı ziyareti ve Firavun iktidarının otuz beşinci yılında kızının Ramses ile evlenmesiyle yürürlüğe girdi. Kızı Mısır dilinde Ur-maa Noferu-Ra adını aldı ve güzelliği dillere destan oldu. Suriye resmen Hititlere devredildi. Mısır bir daha asla burayı geri almaya kalkışmadı ve Hititlerin egemenliği bu topraklarda ancak Suriyelilerin direnişi ile sarsıldı. Öte yandan, "Hititlerin ünlü kralı" doğuda Fırat'tan batıda Ege Denizi'ne, kuzeyde Kapadokya'dan güneyde Kenan aşiretlerine kadar olan bölgede egemenliğini sürdürdü. Hatta Mısır firavunlarına karşı direnen Naharina bile ona boyun eğdi ve

Fırat ile Sajur'un kesiştiği noktada bulunan Balaam topraklarındaki Pethor bir Hitit kentine dönüştü. Filistin'deki kentler gene de Mısır kralına vergi ödemeye devam ettiler ama kuzeyde Hititler güçlü olmayı sürdürdü. Dağlarda yaşayan Amoriler "Heth çocukları" ile ittifak kurdular ve düzlükteki Kenanlar onların koruması altına girdi. İsrailliler henüz Doğu dünyasının bu iki süper gücünün boyunduruğuna girmemişti ama gene de bir Hitit kralı Mısır'ı ziyaret edebilirken Mısırlı bir seyyah da Kenan kentlerinde gezebiliyordu.

II. Ramses'in parlak iktidarı altmış altı yıl sonra sona erdi (M.Ö. 1322). İsrailliler onun döneminde Pithom ve Raamses'in inşaatında çalışmışlardı; oğlu ve ardılı Merneptah tahta geçince Mısır'dan ayrılmak istediler. Bunu izleyen Büyük Göç çok iyi bilindiği için burada ayrıca ondan söz etmeyeceğiz; bu göç Mısır'ın on sekizinci ve on dokuzuncu hanedanlar dönemindeki kralların iktidarında yaşadığı fetihler ve refah döneminin sonu oldu. Merneptah tahta geçtikten sonra Suriye'de açlık yaşanırken Hititlere deniz yoluyla tahıl göndererek babasının döneminde sağlanan barışçıl ilişkileri sürdürdü. İktidarının üçüncü yılına ait yazışmalarda Mısır ile Fenike arasında mekik dokuyan mektuplar ve elçiler olduğuna ve Gaza'da halen Mısır askerlerinin bulunduğuna işaret ediliyordu. Öte yandan iktidarının beşinci yılında Libya ve Küçük Asya'daki beyaz tenli kabileler Delta'yı işgal ettiler ve Mısır Krallığı için tehdit oluşturdular. Mısır saldırganlarla savaşarak onları püskürtmeyi başardı ama bu arada kaynaklarının yarısını tüketerek zayıf düştü.

Çok geçmeden zalim Ramses hanedanlığı da kanlı bir biçimde sona erdi. Yaşanan iç savaşın ardından bir yabancı istilası gerçekleşti ve "Fenikeli Arisu" tahtı ele geçirdi.

Buna karşın yeniden mutlu günlere geri dönüldü. Mısırlılar bir kez daha yerli bir prense biat ettiler ve Yirminci Hanedan kuruldu. Bu hanedanlığın ünlü kralı III. Ramses

Merneptah dönemindekinden çok daha güçlü iki saldırının üstesinden geldi. Burada da saldıranlar Libyalılar ve Yunan denizindeki ülkelerdi; zafere kısmen karada kısmen de denizde ulaşıldı. Deniz kuvvetleri Truvalılardan, Likyalılardan, Filistinlilerden ve muhtemelen Sardunya ve Sicilyalılardan oluşmaktaydı. Savaş başlar başlamaz kendilerini Fenike sahillerine attılar ve karada Karkamış'a kadar ilerlediler. Ele geçirdikleri ganimetlerle birlikte "Amoriler ülkesinde" kamp kurdular ve Mısır'a doğru indiler. Karkamış'taki Hititler ve Naharina'daki Matenau halkı da onların peşinden ilerledi ve Raphia ile Pelusium arasındaki deniz kıyısında uzun ve korkunç bir savaş oldu. Savaşı Mısırlılar kazandı, düşman gemileri batırıldı ve askerler katledildi ya da esir alındı. Mısır bir kez daha esirlerle dolup taştı ve eski parlak günlerin parıltısı tümüyle sönmeden önce bir kez daha çaktı.

Esirlerin listesinde Hitit kabilelerinin savaşa katıldığı, özellikle Karkamış, Halep ve Pethor'un destek gönderdiği görülüyor. Muhtemelen Küçük Asya ve Akdeniz'deki adalardan gelen müttefikleri Mısır'a denizden saldırırken onlar da karadan gelmiş olmalılar. Anlayabildiğimiz kadarıyla Hitit halkı artık imparatorun hükümranlığına bağlı değildi ve bağımsız devlet oluşturmuş durumdalardı. Aynı zamanda artık Mysia ve uzak batıya da egemen değillerdi. Söylendiğine göre, Tsekkri ve Leku, Shardaina ve Shakalsha güneye doğru ilerlemeden önce onların kentlerine saldırıyordu. Bu doğruysa, Hitit İmparatorluğu'nun parçalanmış olduğu sonucuna varabiliriz. Küçük Asya'da ele geçirdiği kabileler ayaklanmış ve eski efendilerine karşı direnişe geçmiş olmalı. Her halükârda Hititlerin Suriye'deki gücünün zayıfladığı kesin. Aramiler Hititleri yavaş yavaş kuzeye doğru geriletmiş olmalı ve İsrailli hâkimler döneminde kendilerinden hiç söz edilmiyor. Hitit kabile reisleri artık Kadeş'in güneyine doğru ilerlememekte ve her ne kadar İsrail bir kez daha kuzeyden gelen bir kralın egemenliği altına giriyorsa da Mısır metinlerine göre bu bir Hitit kralı değil, Mısır metinlerinde Naharinaların kıralı Aram-Naharaim'dir.

Mısır yazıtları yetersiz kaldığında imdadımıza Asur yazıtları yetişiyor. Çiviyazısı metinlerde Hititlerden ilk kez Babil'in ilk krallarından biri için derlenen bir astronomi ve astroloji belgesinde söz ediliyor. Öte yandan burada adı geçen "Hitit kralı" çok eski bir döneme ait değil. Bu yapıtın yazarının (ya da yazarlarının) başlıca amacı gelecekle ilgili kehanette bulunmak; gökyüzündeki belli bir olayın daha sonra tekrarlanacağını ileri sürmek. Dolayısıyla bu metinde zaman zaman olayların tekrarı dile getiriliyor ve bu notların bazıları M.Ö. yedinci yüzyıldan daha geriye gitmiyor. Bu nedenle Hitit kralıyla ilgili yazılanların tam tarihini saptamak çok zor ama daha sonraki dönemle ilgili olduğuna dair göstergeler mevcut. Asur yazıtlarında Hititlerle ilgili tarihini belirleyebileceğimiz ilk ifadeler I. Tiglath-pileser'in günlüklerinde yer alıyor.

I. Tiglath-pileser birinci Asur İmparatorluğu'nun en ünlü kralıydı ve yaklaşık M.Ö. 1110 yılında ülkeyi yönetiyordu. Ordularını kuzeye ve batıya doğru yönlendirerek Ermenistan'ın çıplak ve geçit vermez dağlarına, Kapadokya bölgesindeki Malatya'ya kadar ilerledi. Günlükleri bölgenin o dönemdeki coğrafyasını ayrıntılı ve ilginç bir biçimde yansıtmakta. Saldırılarının ilk hedeflerinden biri o dönemde Malatya'dan Karkamış'a doğru uzanan Kummukh ya da Kommagene devletiydi. "İktidarımın ilk yıllarında", diyor, "20.000 Moschialı (ya da Mesket halkı) ve onların beş kralı elli yıldır Alzi ve Purukuzzi topraklarında egemendi ve Asur'a vergi ödemekteydi. Benden önce hiçbir Asur kralı onlarla savaşa kalkışmadığından bunlar gelip Kummukh ülkesini ele geçirdiler." Bunun üzerine Asur kralı bunlara karşı açtığı korkunç bir savaşta hepsini kılıçtan geçirdi ve Kummukh kentlerini yakıp yıktı.

Kali-anteru'nun oğlu Kral Kili-anteru eşleri ve ailesiyle birlikte esir alındı ve Tiglath-pileser Urrakhinas Kalesi'ne doğru ilerlemeye başladı. Fatihin ayaklarına kapanan Hititli Khattukhi'nın oğlu Prens Sadi-anteru'nun hayatı bağışlandı ve "geniş Kummukh toprakları" için Asur'a bronzdan yapılmış malzemelerden oluşan armağanlar sunuldu. Aynı dönemde Mezopotamya'nın kuzeyindeki kentleri ellerinde tutan, Kalka ya da Kolkhisliler ile Uruma halkının oluşturduğu "Hitit orduları" Asur kralına gönüllü olarak teslim oldular ve savaş arabaları ve eşyaları ile birlikte Asur topraklarına götürüldüler. Antik dönemde "Urima" olarak bilinen Uruma Birecik'in hemen kuzeyinde Fırat kıyısında yer almakta, dolayısıyla bu "Hititli askerlerin" nereden geldiğini kesin olarak belirleyebiliyoruz. Aslında "Hitit" sözcüğü tüm bu bölge sakinleri için kullanılıyor olmalı; örneğin bugünkü Maraş da eski Kummukh sınırları içindedir ve ileride göreceğimiz gibi burada uzun bir Hitit yazıtı bulunmuştur.

Tiglath-pileser bir kez daha Kummukh'a saldırdı ve bu kez Hitit ülkesinin dağlık bölgelerine doğru ilerledi. Düzenlediği üçüncü seferde orduları Malatya'ya kadar ulaştı ama kral bu kenti yıllık belli bir miktarda vergiye bağlamakla yetindi. Kendisi "kente acıdığını" söylüyor ama aslında kente baskın düzenlemekten çekinmiş olabilir. Diğer taraftan kral güçlü Karkamış Kalesi tarafından korunan Fırat'ı aşmayı başaramadı. Bir keresinde Mitanni ya da Naharina topraklarına saldırdı "bir günde" Karkamış'ı ele geçirip yağmaladı ve Eyüp Kitabı'nda Şuhitler olarak anılan Sukhi göçerlerinin yaşadığı çöllere kadar uzandı. Bu sefer sırasında Harran çevresinde ve Habur (Fırat) kıyısında on fil öldürdü ve Hitit topraklarının karşısında yer alan Mitanni ve Araziqi[4] kentinde okları ve mızrakları ile dört yaban öküzü avladı.

---

4 Klasik coğrafyada ve Talmud'da Eragiza diye geçmektedir.

Dolayısıyla on ikinci yüzyılın sonlarına doğru Hititler en zorlu Asur krallarına karşı direnecek kadar güçlüydüler. Artık tek bir kral tarafından yönetilmedikleri, yaşadıkları Kummukh topraklarının bir bölümün Asur ordularının saldırısı tehdidi altında olduğu ve Asurlu işgalcilere haraç ödemek zorunda kaldıkları doğruydu. Öte yandan Tiglath-pileser Karkamış'ın heybetli görüntüsünden etkilenerek onun surlarına yaklaşmaya ya da koruması altındaki ırmağı geçmeye kalkışmadı. Batı yönünde ilerlemesi engellenmişti ve Fenike'den Filistin'e uzanan yolu aşmayı başaramadı.

Asur yazıtları I. Tiglath-pileser'in ölümünden sonraki dönemden söz etmiyor. Ardılları imparatorluğun çökmesine yol açtılar. Bu dönemle ilgili sır perdesi ancak iki yüzyıl sonra aralanıyor. Bu iki yüzyıl ayrıca Davud ve Süleyman'ın krallığının yükselip yıkılmasına, aynı zamanda Şam'da Suriyelilerin güçlenmesine de tanık oluyor.

Şam Süleyman'ın imparatorluğunun yıkıntıları üzerinde yükseliyordu. Ama bu yükseliş aynı zamanda Hititlerin Suriye'deki gücünün zayıfladığına da işaret ediyordu. Davut'un düşmanı Zobah kralı Hadad-ezer Fırat'ın doğusundaki Naharinalı Aramilere destek olarak onlarla birlikte Helam'a (Halep'e)[5] doğru ilerledi. Hititlerin artık Arami halkına egemen olamadığı ya da Zobah'ın Arami prensini ele geçirdiği topraklardan kovmaya gücünün yetmediği ortadaydı. Gerçekten de Eski Ahit'in bir bölümünde Hadad-ezer'in onlara karşı bir saldırı hazırlığında olduğundan söz ediliyor. Fırat'a doğru ilerlerken Davud tarafından tahttan indirildiği belirtiliyor. (2. Samuel, x. 16) Muhtemelen o sırada ordularını Karkamışlı Hititlerin üzerine sevk etmekteydi. Her halükârda bu olay kutsal tarihçinin sözleriyle de doğrulanmakta. "Hama

---

5 Asur yazıtlarında Khalman olarak geçmektedir. Iosephus Helam'ı Khalaman olarak değiştiriyor.

Kralı Toi Davud'un Hadad-ezer'in tüm ordularını yok ettiğini öğrenince oğlu Joram'ı kral Davud'a göndererek onu Hadad-ezer'e karşı kazandığı zafer için kutladı, zira Hadad-ezer Toi ile de savaşmaktaydı." Hama'da gün yüzüne çıkarılan anıtlardan burasının bir zamanlar bir Hitit kenti olduğunu öğrendiğimizden Davud döneminde de Hititlerin elinde olduğundan kuşku duyamayız. Onun Suriyeli düşmanları aynı zamanda Davud'un da düşmanları, dolayısıyla bu ortak düşman İsrail'i Asurluların ortadan kalmasına odaklanan bir ittifaka yönlendirmiş olmalı.

Asur yazıtlarından öğrendiğimize göre Azariyah döneminde Yahudi Kral Hama ile ittifak içindeydi ve Hama'ın son bağımsız yöneticisi İsrail'in Tanrısı olarak bildiğimiz Yahu-bihdi idi. Gerçekten de Şam orduları tarafından kuşatılan Suriyelilerin Hitit krallarının Samarya'yı kurtarmaya geleceğine inanmaları İsrail ile Hititlerin dost ve ortak düşmanlarının da Suriyeli Aramiler olduğunu gösteriyor. İsrail Filistin'deki Sami halka egemen olarak güçlenirken Hititler de Sami komşularını ezerek güç kazanmaktaydılar. Suriye'nin zaferi hem Karkamış'taki Hititler, gerekse Samarya ve Kudüs'teki İbraniler için büyük bir darbe oldu.

M.Ö. 885'ten 860'a kadar süren Asurbanipal'in yönetimi ile Asur tarihinde yeni bir sayfa açıldı. Onun düzenlediği seferler ve kazandığı zaferler gerek kapsam gerekse acımasızlık açısından I. Tiglath-pileser'in seferleriyle boy ölçüşebilirdi. Halefi gibi o da Kummukh'u ve Malatya'nın bulunduğu bölgedeki krallıkları haraca bağladı ve Tiglath-pileser'in aksine Fırat'ı geçmeyi başararak Karkamış'taki Sangara'ya egemen oldu. Karkamış artık iki yüzyıl öncesi kadar güçlü değildi ve orayı savunanlar da bir bir yok olmuşlardı. Gene de Fırat'ın sağ kanadında küçük bir Hitit nüfusu yer almaktaydı. Asurbanipal o kanattaki Bakhan aşiretinin Hitit kökeninden geldiğini ileri sürerek ancak onları egemenliği altına aldıktan sonra Karkamış topraklarına ulaşabildiğini anlatıyor. Hitit kalesine saldırı sonucu çok sayıda ganimet elde ediyor. Hitit prenslerinin en değerli madeni gümüşten yirmi talent, altın kupalar, altın zincirler, altın kamalar, 100 talent bakır, 250 talent demir, bakırdan yapılmış yabani boğa şeklinde tanrı heykelleri, bakır kâseler, bakır kadehler, bakır bir yüzük, sarayda bulunan benzersiz mobilyalar, nadide ahşap ve fildişi eşyalar, 200 cariye, çeşitli kumaş ve örtüler, siyah ve mavi kristal ve değerli taşlar, fildişleri, beyaz bir savaş arabası, küçük altın heykeller ve çeşitli savaş arabaları ve atlar; zengin ve barışsever Karkamış kralının Asur hükümdarının ayakları önüne serdiği ganimetlerdi. Bu liste, doğudan batıya uzanan ticaret yolu üzerinde yer alan kentin zenginliği hakkında bilgi sahibi olmamızı sağlıyor. Yüzyıllardır süregelen refah kentte çok sayıda tüccar ve servet sahibinin oluşmasına yol açmıştı, daha sonraki dönemlere ait Asur yazıtlarında zenginlikten söz edilirken Karkamış örneğinin verildiğini görüyoruz. Karkamış tüccarlardan oluşan bir kent idi ve Asur kralının eğitimli savaşçılarına direnecek güce sahip değildi.

Asurbanibal Karkamış'tan sonra batıya yöneldi ve soldaki Akhanu topraklarını geçerek Şam yakınında Patinialıların kralına ait Azaz kentine saldırdı. Buradaki halk Hitit soyundan geliyordu ve Afrin Nehri ile Antakya Körfezi arasındaki bölgede yaşıyordu. Asur ordusu Afrin'i geçti ve Patinia başkentinin surları önüne geldi. Buradan sağladığı yüklü ganimetler üzerine güneye yöneldi ve Asi Irmağı boyunca Lübnan'a doğru ilerledi. Asurbanibal buradaki Fenike kentlerini haraca bağladı.

Asurbanibal'in oğlu ve ardılı II. Shalmaneser (M.Ö. 860-825) babasının politikasını izledi. Hitit prensleri bir kez daha saldırı altındaydı. Shalmaneser yıllarca ordularını onların üzerine sevk etti ve kucak dolusu ganimetle ülkesine geri döndü. İzlediği politika son derece açıktı. Suriye'deki Hitit ırkının gücünü kırmak, Fırat kıyılarına ve Fenike mallarını Ninova'daki tüccarlara taşıyan yola sahip olmak ve Akdeniz'deki ticaret yolunu kendi ülkesine mal etmek. Patinialıları yenerek Amanos'taki sedir ormanlarını ele geçirdi ve saraylarının yapımında bu ağaçları kullandı. Karkamışlı Sagara tehdit altında olduğunun farkındaydı ve Hitit prensleri ortak düşmanlarına karşı ittifak oluşturdular. Bu ittifaka sadece Kummukh ve Patinalılar değil Kilikyalılar ve Küçük Asya'nın dağlık bölgelerinde yaşayanlar da katıldılar. Ama bu hiçbir işe yaramadı. Hitit orduları savaşta yenildiler ve liderleri haraç vererek barışı sağladılar. Karkamış bir kez daha altın, gümüş, tunç ve bakırından, tahtını bezeyen mor süslerden vazgeçmek zorunda kaldı ve Sangara'nın kızı Asur kralının hareminde yer aldı. Balaam kenti Pethor bir Asur sömürgesine dönüştü ve Asur dilinde bir isimle anılmaya başladı. Sonunda Asur kralı için Hama ve Fenike yolu açılmış oldu. Shalmaneser Halep'te yerli tanrı Hakad'a kurbanlar kestirdi ve sonra Hama'a doğru ilerledi. Karkar'da İsrailli Ahab'ın 2000 savaş arabası ve 10.000 askerle desteklediği Hama ve Şam ittifakı ile karşılaştı. Ama Asur ordusunun saldırısı engellenemedi. İttifak darmadağın oldu ve Asi Nehri onların kanıyla kırmızıya boyandı. Karkar savaşı (M.Ö. 854) Asurluların Şam'la irtibatını sağladı ve daha sonra Yehu'nun Asur kralına tazminat ödemesine neden oldu.

Shalmaneser'in bundan sonraki yaşamı bizi fazla ilgilendirmiyor. Toros Dağları'nın güneyindeki Hititlerin gücü tümüyle sona erdi. Samiler yüzyıllar önce toraklarını zapt eden kuzeydeki dağlarda yaşayanlardan intikamlarını aldılar. Bu saldırganlar artık doğu ile batının arasında bir engel oluşturmuyor, Asur ve Babilli Samilerin Fenike ve Filistin'deki Samilerle bir araya gelmesini engelleyemiyordu. On dokuzuncu Mısır hanedanı döneminde kesilen bağlantılar yeniden canlandırılabilirdi. Karkamış artık Fırat kıyılarına egemen değildi ve Asurlu işgalciye boyun eğmek zorunda kalmıştı. Aslında Asur kralı Suriye'deki Hititleri haraca bağlamıştı. Patinialıların ayaklanması sonucu yasal kralın öldürülmesi ve tahta bir gaspçının geçmesi üzerine Shalmaneser duruma el koydu. Yeni bir kral atadı ve Patinia'nın başkentine kendi heykelini yerleştirdi.

Asurlular ile Hititler arasındaki bağlantıdaki değişimin ilginç bir yanı var. Shalmaneser'den sonra Asurlu yazarlar Hitit adını gerçek kapsamıyla kullanmamaktalar. Bu isim Fırat'ın batısında Kuzey Suriye'de yaşayanların hepsini ve dolayısıyla Filistin halkını da içermeye başlıyor. Khatta ya da Hitit, Suriyeli ile eş anlamlı oluyor. Bunun nedeni ortada. Asurluların Suriye'de ilk karşılaştıkları insanlar Hitit soyundan gelmekteydi. Onları yenen Asur orduları sınırları aştı ve Asurlu generaller ayak bastıkları toprakların da onlara ait olduğunu varsaydı. Dahası, buradaki devletlerin çoğunun nüfusu Aramilerden oluşmaktaydı ama aslında Hitit prenslerine bağlıydılar. Hititler Arami kökenlileri boyunduruk altına almışlardı; dolayısıyla Kuzey Suriye'de Hitit ve Arami kentleri ve kabileleri iç içe geçmişti. Shalmaneser, "Ben", diyor, "Hitit ülkesinde Fırat'ın karşı yakasında, Sayur (*Sagura)* Irmağı üzerinde, halkın Pethor (*Pitru*) adını verdiği kenti ve Fırat'ın doğu yakasında benden önceki kral I. Tiglath-pileser'in topraklarına kattığı ve Asur ve Arami Kralı Assur-rab-buri'nin bir barış antlaşmasıyla geri aldığı Mudkinu kentini ele geçirdim." Shalmaneser daha sonra Pethor'dan Halep'e giderek adından Sami olduğu anlaşılan kent tanrısı Hadad-Rimmon'a adaklar adadı. Özetle, Hititler Suriye'de hiçbir zaman Normanların Sicilya'daki konumuna benzer bir biçimde egemen olmadılar ve zamanla yerel nüfus giderek güçlendi. Tüm aristokrasiler gibi onlar da ülkenin yerel nüfusu içinde eriyip yok oldular.

Bununla beraber, halen Karkamış'a sahiptiler ve ilk Asur İmparatorluğu'nun yıkılışı onlar için beklenmedik bir fırsat oluşturdu. Öte yandan M.Ö. 725'teki ayaklanma ile II. Tiplath-pileser'in tahta geçmesi Hitit üstünlüğünün sonunu getirdi. Asur yeniden fetihlere girişti ve yeni yöneticileri ile tüm Batı Asya'ya yayılan bir imparatorluk oluşturdu. M.Ö. 717'de Karkamış Sargon ordularına teslim oldu ve son kral Pisiris Asur kralı tarafından esir alındı. Asurlular buradaki ticarete ve servete el koydular, Kent Asur sömürgesi oldu ve Asurlu bir satrap tarafından yönetilmeye başlandı. Hititlerin yüzyıllardır gücünün simgesi olan Fırat egemenliği yeniden Sami halkının eline geçti. Hititlerle Samiler arasındaki büyük çatışma sona erdi; zafer Samilerin oldu ve Hititler geldikleri dağlara geri çekilmek zorunda kaldılar.

Ama bir yandan da direnişlerini sürdürdüler. Karkamış'ın ele geçmesinden bir yıl sonra Sargon Ararat kralının önderliğinde bir araya gelen Mesheck, Tubal, Melitene ve diğerlerinden oluşan kuzey halklarıyla çatışmak zorunda kaldı. Öte yandan ittifak zorlu bir savaş sonunda dağıldı ve Ararat kralı intihar etti; aradan üç yıl geçmeden Kommagene Asur İmparatorluğu'na bağlandı. Artık doğudaki süper güç Ninovalı Samilerdi.

Asurlular Van Gölü civarındaki bölgeyle bunun güneyindeki topraklara "Ararat" adını vermişlerdi. İncil'den sonraki dönemde bu isim daha da kuzeye yayıldı, dolayısıyla bugünkü Ağrı Dağı da güneyde Kürtlerin yaşadığı bu dağ silsilesinin ismiyle anılmaya başladı. Oysa bölgenin yerel adı Ararat değildi. Asıl adı bugün de Van Gölü çevresinde kullanılan Biainas ya da Bianas idi. Bu bölgede Asurbanibal ya da oğlu Shalmaneser döneminde kullanılan çivi yazısını içeren birçok yazıt bulunmakta ama bu Asurluların diline hiç benzemiyor. Bu yazıtlarda tapınaklar ve saraylar inşa edildiğinden, tanrılara sunumlar yapıldığından ve Van krallarının düzenlediği seferlerden söz ediliyor. Bu seferler arasında Khate ya da Hititlere karşı düzenlenenler de yer alıyor.

Bunların ilki dokuzuncu yüzyılda Menuas isimli bir kral döneminde gerçekleşti. Kral Alzi topraklarını ele geçirdi ve Hititlerin ülkesine girdi. Burada Hitit prensi Sada-halis'e ait olan Surisilis ve Tarkh-gamas kentlerini yağmaladı ve esir aldığı askerleri tanrısı Khaldis'e adadı. Bir başka seferinde Malatya'ya kadar ilerledi ve Hitit topraklarını baştan aşağı aşarak zafer anıtlarını Palu yamaçlarına dikti. Palu Malatya ile Van arasında, Fırat'ın kuzey yakasında ve eski Alzi bölgesinin doğusunda yer alıyor, dolayısıyla Hititli Menuas'ın coğrafi konumunu belirleyebiliyoruz. Menuas'ın oğlu ve ardılı I. Argitis de bu savaşı sürdürdü ve yazıtlarından birinde Malatya'nın da kalelerinden biri olduğu görülüyor. Van krallarına göre Hitit toprakları Fırat boyunca Palu'dan batıda Malatya'ya kadar uzanmaktaydı.

Asur anıtlarında yer alan Hititler bu bölgenin güney batısında Kommagene'den Karkamış ve Halep'e kadar uzanan topraklarda yaşıyordu. Mısır kayıtları onların daha da güneye, Asi üzerindeki Kadeş'e kadar yayılmış olduğunu belirtiyor; Eski Ahit ise onları Filistin'in güney ucuna kadar taşıyor. Dolayısıyla başlangıçta Toros Sıradağları'nda yaşayan Hitit kabilelerinin daha sonra Suriye ve Filistin'deki sıcak ovalara ve vadilere doğru ilerleyen bir halk olduğunu düşünmeliyiz. Öncelikle Suriye'de değil Küçük Asya'da yaşıyorlardı ve fetihleri sonucunda Suriyeli olarak anılmaya başladılar. Kabileler ister Yehuda'da, ister Asi üzerindeki Karkamış'ta ve Palu civarında yerleşmiş olsalar bile gerçek unvanları Hitit idi. Tüm fetihlerinde ve göçlerinde taşıdıkları bu ulusal isim onların doğudaki diğer haklardan ziyade kendine özgü bir halk olduğunu belirliyor. Artık onların kendi anıtlarında haklarında neler yazıldığını ve insanlık tarihini nasıl etkilediklerini incelemek zamanı geldi.

Maraş'ta bulunan bir heykel parçası.

BÖLÜM III:

HİTİT ANITLARI

Sıcak ve güneşli bir Eylül sabahı çok sayıda Türk askeri ile birlikte İzmir yakınındaki küçük Nymphi kasabasından ayrılıp Karabel Geçidi'ne doğru yola çıktım. İki tarafı yüksek yamaçlarla kaplı Karabel Geçidi'ndeki yol kuzeydeki Sardes ve İzmir'i güneydeki Efes'e bağlıyordu. Yunan tarihçi Herodotos bize Mısırlı fatih Sesostris'in burada anıtları olduğunu söylüyor. Efes'ten Foça'ya ve Sardes'ten İzmir'e giden yollar üzerinde onun iki heykeli kayalara oyulmuş. Her ikisinde de sağ elinde bir mızrak, sol elinde bir sadak tutan yaklaşık üç kadem boyunda bir adam var. Giysileri bir Mısırlıyı ya da Habeşi andırıyor. Bir omzundan ötekine doğru göğsünde Mısır resimyazısı ile "bu toprakları omuzlarımla kazandım," yazıyor.

Yolculuğumun amacı bu iki heykeli görmek. Bunlardan biri 1839'da Renouard tarafından keşfedilmiş, kısa süre sonra Texier tarafından çizimi yapılmış; ikincisi Dr. Beddoa tarafından 1856'da bulunmuş. Öte yandan bunların oyulduğu geçide ender olarak ve çok az sayıda ziyaretçi geliyor; iki taraftaki yamaçlar eşkıya yatağı ve bu yüzden güvenliğim için yanıma otuz asker verilmiş durumda. Araştırmalarımı onların silahlarının koruması altında yapacağım zira tepedeki ağaçlıkların altında en az yirmi eşkıya gizleniyor.

Mr. Svoboda daha sonra Tezier'in çizimini yaptığı heykelin fotoğrafını çekti. Burada normalden uzun bir savaşçının profili, geçit törenindeymiş gibi sağ ayağını öne atmış olarak görülüyor. Sağ elinde bir mızrak tutuyor, sol omzunda bir sadak asılı ve başında sivri bir külah var. Üzerindeki tunik dizlerine kadar uzanıyor ve ayaklarında kıvrık burunlu botlar var. Heykel yapay bir girintiye kabartma olarak yapılmış ve mızrak ile yüzü arasında üç satırlık resimyazı yer alıyor. Yüzü güneye dönük ve Karabel'in doğu yamacına oyulmuş.

Uzun süre önce bu yazının Mısır resimyazısı olmadığı belirlendi ve Profesör Perrot bu heykelin Kapadokya'daki kaya heykellerini andırdığına, aynı zamanda Karabel'deki savaşçı heykelinin biçim olarak kendisinin Frigya'daki Gâvur Kalesi'nde keşfettiği savaşçı heykeline çok benzediğine işaret etti.

Bu heykellerin hangi döneme ait olduğu ve kimleri temsil ettiği bilinmiyordu. Bununla beraber, Karabel Geçidi'ne ziyaretimden birkaç hafta önce bu heykellerin Hitit döneminden kalma ve Karabel'deki figürlerin yanındaki yazılar dikkatle incelendiği takdirde Hitit dilinde olduğunun anlaşılacağı sonucuna varmıştım[6]. Seyahatimin asıl amacı bu sonucu doğrulamaktı.

Bu sonuca nasıl vardığımı anlatayım. Bu uzun bir öykü ve anlaşılabilmesi için Küçük Asya'nın batısında yer alan Karabel Geçidi'nden çıkıp doğuda Hama'ya, eski Hamath kentine gitmemiz gerekiyor. Hitit İmparatorluğu'nun yeniden yapılandırılmasına ve Hititlerin uygar dünya tarihinde oynadığı önemli rolün anlaşılmasına yol açan ilk keşif burada gerçekleşti.

İçinde bulunduğumuz yüzyılın başlarında (1812) ünlü doğu gezgini Burckhardt Hama pazaryerlerinden birindeki bir evin bir köşesinde üzerinde resimyazılar bulunan kara

6 *Academy*, 16 Ağustos 1879.

mermerden bir blok bulunduğunu fark etti[7]. Ama bu keşfi kısa sürede unutuldu ve gerek Hama'da yaşayan Avrupalılar gerekse kente gelen gezginler burada hiçbir antika eşyanın bulunmadığından emindiler. Öte yandan, yaklaşık altmış yıl sonra Amerikan Filistin Keşif Derneği çalışmalarına başlarken Amerikan konsolosu Mr. Johnson ve Amerikan misyonerlerinden Mr. Jessup tesadüfen bu taşı gördü ve Hama'da benzer tipte yazılı iki taşın daha bulunduğunu öğrendi. Bu yazılardan çok uzun olanının sağaltıcı gücü bulunduğu düşünülüyordu. Romatizmadan mustarip Müslüman ve Hıristiyanlar bu taşın üzerine uzanarak ağrılarından kurtulacaklarına inanıyorlardı. Diğer taşlar da kutsal sayılıyordu ve yabancıların ilgisi ile bu daha da pekiştiğinden iki Amerikalı bunları kopyalamak şöyle dursun görmeyi bile başaramadılar. Yerli bir ressamın elinden çıkan çok kötü çizimlerle yetinmek zorunda kaldılar. Bunlardan biri daha sonra yayınlandı. Bu yayın bilim adamlarının yeni keşiflere olan ilgisini körükledi ve Sir Richard Burton ve diğerleri gerçek kopyalar sağlamaya çalıştılar. Oysa tüm çabaları sonuçsuz kaldı ve ancak Dr. William Wright'ın tesadüfen bu yöreye gelmesi ile fanatik ve hırslı Hama halkının metinlerin güvenli bir biçimde kopyalanmasını engellemesinin önüne geçilebildi. Dr. Ward'ın enerjisi ve azmi sayesinde bu değerli Hitit edebiyatı örnekleri koruma altına alınabildi. "10 Ekim 1872'de," diye yazıyor; Hama yazıtlarını koruma altına almak amacıyla Şam'dan harekete geçtim. Reform tutkusuyla yanan Bâb-ı Âli dürüstlüğü ile tanınan Suphi Paşa'yı Suriye'ye vali tayin etmişti. Suphi Paşa yalnızca yapılan yanlışları düzeltmekle yetinmeyip eyaletinin tüm bölgelerini gezerek yolsuzlukları önlemek ve halkın isteklerini öğrenmek istiyordu. Hama'a giderken ona katılmamı önerdi ve ben de bu daveti memnuniyetle kabul ettim." Wright İn-

7 *Travels in Syria*, s. 146.

giliz konsolosu Mr. Green ile birlikte heyete katıldı ve Hama taşlarının Avrupalıların eline düşmesini önlemek için parçalanan Moabit Taşı ile aynı akıbete uğramasından duyduğu endişe ile paşayı bunların satın alıp İstanbul Müzesi'ne nakletmesi konusunda ikna etti. Bu haber Hama'da duyulunca paşa hakkında ileri geri söylemler başladı ve sadece taşları sahiplenenlerin gözünü korkutmak için değil, aynı zamanda taşları korumak için nakliyattan önceki gece bunların başına muhafızlar dikildi.

Dr. Wright o geceyi çok gergin olarak geçirdi ama gün doğduğunda taşlar hâlen güvendeydi ve derhâl taşıma işlemlerine başlandı. Bu işlem naraları ile kenti çınlatan çok sayıda erkek tarafından yürütüldü. Taşların ikisi evlerin duvarlarından çıkarılmak zorundaydı. Bir tanesi o kadar büyüktü ki elli adam ve dört öküz gün boyu onu ancak bir mil öteye kadar taşıyabildiler. Diğer taşlar ikiye bölündü ve yazılı bölümler deve sırtında vilayet binasının bahçesine taşındı. Burada temizlenecek ve titizlikle ve güvenli olarak kopyalanacaklardı.

Öte yandan yüzyıllardır birikmiş olan kirin temizlenmesi iki gün sürdü. Sonra sıra rüşvet verilen yerlilerin civardan getirdiği alçı taşı ile kalıp çıkarmaya geldi. Sonunda tüm işlemler tamamlandı ve Dr. Wright bu eski ve gizemli metinlerin iki tanesini, biri British Museum'a, diğeri de Fillistin Keşif Fonu'na verilmek üzere İngiltere'ye göndermeyi başardı. Orijinaller ise İstanbul Müzesi'nde koruma altına alındı. Artık bu yazıtların içeriğini ve kimler tarafından yazıldığını öğrenmenin zamanı gelmişti.

Dr. Wright derhâl bunların Hititler döneminden kaldığını ve Hitit yazısının örnekleri olduğunu ileri sürdü. Ama bu iddiası Şarkiyatçılardan çok ilahiyatçıların okuduğu bir derginin sayfaları arasında gömülü kaldı ve dünya bunları "Hamathite" adı ile anmayı sürdürdü. New Yorklu Dr. Hayes Ward bunların *bustrofedon* tarzında, yani bir satırın sağdan sola, ikinci satırın soldan sağa, tarlayı süren öküzün sağdan başlayıp soldan devam etmesi şeklinde olduğunu fark etti. Satırlar harflerin yönünü izleyerek okunabilmekteydi.

Dr. Ward bir başka keşifte de bulundu. Sir A. H. Layard ünlü Ninova sarayının kalıntıları arasında bir zamanlar papirüs ya da parşömene iliştirilmiş çok sayıda kil mühre rastlamıştı. Papirüs ve parşömen zamanla dağılıp gitmişti ama onları belgelere bağlayan iplerin deliklerine sahip mühürler sağlam kalmıştı. Mühürlerin bazıları Asur, bazıları Fenike, bazıları da Mısır dönemine aitti ama aralarından bir kaçı daha önce hiç görülmemiş garip harfler içeriyordu. Dr. Hayes Ward bu harflerin Hama'daki taşlardakilerle aynı olduğunu gördü; dolaylısıyla bu mühürler de Hama kökenli olmalıydılar.

1876'da Dr. Wright'ın iki yıl önce yayınlanan makalesinden haberim olmamasına karşın, İncil Arkeoloji Derneği'nde Hama yazıtlarıyla ilgili bir sunum yaptım. Bu sunumda bazı varsayımlarda bulundum. Bunlardan biri Hama resimyazısının Kıbrıs'ta yüzyıllardır kullanılan garip hecelerin kaynağı olduğu idi. Bir başka varsayım da resim yazısının Hama'nın ilk halkı tarafından icat edilmediği, Hititlerin uyguladığı bir sistem olduğu idi. Mısır kayıtlarından Hititlerin yazıyı bildiklerini ve bir kâtip sınıfına sahip olduklarını biliyoruz ve Hama Hitit krallıklarının sınırları yakınında yer aldığından yörede keşfedilen yazı biçiminin Hama'dan ziyade Hititlere ait olduğuna inanmak akla yakındı. Bu varsayım kısa süre sonra ünlü Hitit başkenti Karkamış'taki bir keşifle doğrulandı. Orada bulunan yazıtlarda da Hama taşları üzerindekilere benzer bir sistem uygulanmıştı.

Çok geçmeden bilim adamları yeni keşfedilen yazının Hitit halkına ait olduğunu kabullendi. Bunu ilk kabullenenlerden biri Dr. Hayes Ward idi ve British Museum mütevellileri Karkamış kalıntıları üzerinde kazı yapma girişiminde bulundular. Bu arada Hitit harfleri diyebileceğimiz işaretlerin sadece Hama ve Karkamış'ta değil, aynı zamanda Küçük Asya'da da kullanıldığı gerçeğine ulaşıldı.

Bir asır kadar önce bir Alman gezgini eski Lykaonia bölgesindeki İvrez ya da İvriz yakında bulunan bir kayanın yüzüne oyulmuş iki figür gözlemledi. Bunlardan biri elinde bir mısır koçanı ve bir salkım üzüm tutan bir tanrı diğeri de karşısında durup ona tapınmakta olan bir adamdı. Her ikisinin ayaklarında uçları kıvrık botlar vardı ve tanrının üzerinde dizlerine kadar uzanan bir tunik ve başında boynuza benzer kurdelelerde süslü sivri bir külah bulunuyordu. Bu heykelin bir Avrupalı gezgin tarafından ziyaret edilmesi ancak bir yüzyıl sonra gerçekleşti ve bu da yine bir Alman oldu. Bu kez figürlerin çizimi yapıldı ve Ritter'in ünlü dünya coğrafyası kitabında yayınlandı. Öte yandan çizim kötü ve yetersizdi ve orijinaline en sadık çizim 1875'te Rahip E. J. Davis tarafından yapıldı. Rahip bir yıl sonra çizimini ve heykelle ilgili bilgileri *Transactions of the Society of Biblical Aechaeology*'de yayınladı. Figürlerin yanında o dönemde Hama harfleri olarak bilinen işaretlerin yer aldığını fark etmişti. Bunlardan üç satırı tanrının yüzü ile yukarı kaldırdığı sol kolu arasındaydı; dört satır ona tapanın arka planına oyulmuştu ve daha aşağıda, değirmeni besleyen su kemeriyle aynı hizada yarısı aşınmış resimyazılı satırlar vardı. Aziz Paul döneminden kalma yerli dilinin halen kullanıldığı Lykaonia'da da bir zamanlar Hitit yazı sisteminin uygulandığı ortadaydı.

Hitit harfleriyle yazılmış bir başka taş Halep'te bulundu. Hama'dakiler gibi bu da siyah mermerdendi ve yeni bir yapının duvarına gömülüydü. Harfler sürtünmeden dolayı yıpranmıştı; Halep halkı bu taşa sürtülen gözlerdeki iltihapların geçeceğine inanıyordu. Yazıtın birçok kopyası çıkarıldı ama yarı yarıya silinmiş harflerin okunması çok zordu. Taşın kalıbını çıkarma kararı verilirken Halep'teki fanatiklerin taşı parçaladıkları öğrenildi. Kutsallığını yitirmemesi, –yerlilerin

Antep yakınındaki Keller'de bulunan Hitit heykel parçaları.

varsaydıkları gibi Avrupalılar tarafından çalınmasını– engellemek için parçalamayı yeğlemişlerdi. İlk kez ön plana çıkmakta olan birçok anıt gibi bu da yok edilmişti.

1879'da bu alandaki bilgimiz bu kadardı. İbranilerin, Mısırlıların ve Asurluların bağlantıda bulunduğu Hititlerin bir resimyazı sistemi vardı ve bu yazı sistemi Hama, Halep, Karkamış ve Lykaonia'daki anıtlarda yer almaktaydı. Aynı zamanda Lykaonia'da bu yazının kayalara belli bir tarzda oyulan ve kendilerine özgü biçimde giyinen figürlerin yanında yer aldığını biliyorduk.

Birdenbire zihnimde bir şimşek çaktı. Bu sanat ve giyim tarzı Karabel, Gavur Kalesi ve Kapadokya'daki heykellerindeki ile aynı idi. Hepsinde aynı yüz hatları, aynı başlık ve ayakkabılar, aynı tunikler, aynı kaba hatlar ve duruş görülüyordu. Karabel ve Kapadokya'daki kayalara oyulmuş olan figürler Hitit sanatının anıtları olmalıydı. Kökeni ve geçmişi sonunda keşfedilmiş; bu garip sanatın yaratıcılarının kaynağı gün yüzüne çıkmıştı. Daha sonraki araştırmalar bunu bir kez daha doğruladı. Profesör Perrot'un Kapadokya'da Boğazköy'de çektiği fotoğraflar arasında on ya da on bir satırlık bir yazıt vardı. Bu yazıttaki harfler çok aşınmış, neredeyse okunamaz hale gelmişti ama bilinen tüm diğer Hitit yazıtlarındaki gibi kabartma olmalarının yanı sıra seçilebilen iki üç resimyazı Hama ve Karkamış'taki taşların üzerindekilerle tıpatıp aynıydı. Keşfimin doğrulanması için yapmam gereken tek şey Karabel Geçidi'ni ziyaret ederek Texier ve diğerlerinin bulduğu resimyazılarının da Hitit yazısına benzeyip benzemediğini görmekti.

Herodotos'un Mısırlı Sesostris'e ait olduğunu ileri sürdüğü figürün bulunduğu girintiyi üç saatten fazla inceledim. Yazıdaki harfleri tam olarak belirlemek için kopyaların yanı sıra "baskı" da almam gerekiyordu. Bunların Hitit kökenli olduğunu ve evimdeki çalışmalarımda ulaştığım sonuçların doğrulandığını görünce son derece mutlu oldum. Bu, Herodotos'un Sesostris'i, Hititlerle Kadeş'te savaşan ünlü firavunu değil, kudretli rakiplerine üstün gelen ve etkileyen çok daha büyük bir gücün sembolüydü. Hitit adı bilinmese bile Hitit sanatı ve yazısının Fırat kıyılarından Ege Denizi sahillerine kadar nam saldığı ortadaydı.

Karabel'deki taştan savaşçı yoldan bir hayli yukarıdaki yamaçta bulunan bir girintide yer alıyor ve kendisini Efes ve Menderes'e ulaştıracak istikamette yol alıyor. Daha aşağıda, tepedeki kayaları sarsan depremin etkisiyle yerinden oynamış olan kayanın üzerinde ise yol arkadaşı görülüyor. Bu ikinci figür birincisinin kopyası. Her ikisi de aynı pozisyonda; aynı çizmeleri giyiyorlar ve her ikisinin de mızrağı ve sadağı var. Öte yandan ikinci figür insan eliyle çok fazla tahrip edilmiş. Üst kısmı kasten parçalanmış. Bir süre önce bir Yörük çadırı bu kayanın yanına kurulmuş ve eski savaşçı oymasının bulunduğu girinti bu aile tarafından ocak olarak kullanılmış. Burada bulunması muhtemel yazıttan hiçbir iz kalmamış. Zaten bu yazıt Herodotos'un iddia ettiği gibi figürün göğsünü tamamen kaplamış olamazdı.

Aslında bu iki figür Herodotos'un anlattığı öyküye tanıklık etmiş olamazlar. Boyları üç kademi biraz aşmak yerine olağanüstü boyutta ve mızraklarını sağ ellerinde değil sol ellerinde tutuyorlar. Dahası, giysileri bir Mısırlı ya da Habeş'inkinden tamamen farklı ve yazıt göğüslerinde değil, yüz ile kol arasında. Ayrıca Yunan tarihçi bu iki savaşçının koruduğu geçidin hem Efes ile Phokaia'yı hem de Sardes ile Smyrna'yı bağladığını söylerken yanılıyor. Geçidin kuzey ucu temizlendiğinde buradan geçen yolun –buraya Türkler şimdi *Karabeldere* diyorlar– *Belkahve*'ye ya da Sardes-Smyrna yoluna ulaştığı görüldü. Herodotos bu heykellerle ilgili bilgiyi başka bir kaynaktan edinmiş olmalı ama Mısırlı Sesostris yorumu kendisine ait.

Bir başka Hitit anıtı Karabel'den çok uzak olmayan bir yerde bulundu. Manisa'daki Spil Dağı'nın sarp yamaçlarında

Karabel Geçidi'ndeki kayaya oyulmuş Pseudo-Sesostris.

kayaya oyulmuş garip bir figür var. Bu, saçları omuzlarına dökülen, tepesinde nilüfer çiçeğine benzer bir süs bulunan, yapay bir girinti içindeki bir tahtta oturan bir kadın figürü. Lidyalı tarihçiler bunun Assaon'un kızı olduğunu ve uçuruma atlayarak intihar etmek istediğini söylüyorlar ama Yunan söylencesi onun taş kesilmiş "ağlayan Niobe" olduğunu iddia ediyor. Homeros, on iki çocuğu tanrılar tarafından öldürülünce Niobé'nin taşa dönüşüp ıssız dağlarda, hatta Akheloos kıyılarında dans eden su perilerinin yatağı olan Spil Dağı'nda tanrıların lanetine ağıtlar yaktığını anlatıyor. Öte yandan Spil Dağı'ndaki bu eski anıt ancak Yunanların Lidya'ya yerleşmelerinden sonra Niobé olarak tanımlandı. Bu heykelin yontulduğu kireçtaşı kaya yağmurda ıslanıyor ve aşağıya akan damlalar taşı aşındırıyor. Sofu Yunanlar bunu söylencelerine Niobé olarak almışlar. Buradaki oyma aslında Küçük Asya'da Atergatis, Derketo, kimi zaman da Kybele olarak bilinen ünlü tanrıçaya ait. II. Ramses'in gözde kraliçesi Nefertiti'nin Ebu-simbel yamacındaki kayanın girintisinde yer alan figürünü gören biri Spil Dağı'ndaki heykeli yapan sanatçının daha önce Nil'i ziyaret ettiğini kolaylıkla düşünebilir. Belli bir mesafede her ikisi birbirine çok benziyor ve daha yakından incelendiğinde Mısır'daki heykelin Lidya'dakinden çok daha ince ayrıntılar taşıdığı fark edilse bile aralarında çarpıcı bir benzerlik var. Bununla beraber, Spil'deki Niobé'nin Hitit sanatını temsil ettiğini artık biliyoruz. Dr. Dennis tanrıçanın oturduğu girintinin duvarında Hitit harflerinin yer aldığı bir kabartma buldu. Birkaç merdiveni birbirine ekleyerek onunla birlikte yukarıya tırmandık ve resimyazıları kâğıda geçirdik. Bunlar arasında "kral" anlamına gelen bir harf vardı[8].

---

8 Yazıttan aldığımız kağıt baskının bir kopyası *Transactions of tjhe Society of Biblical Archaeology, VIII. Pt. 3, Pl.*v'de yer almakta. Dr. Denis'in kabartmanın yerden gözle yaptığı kopyası aynı Derneğin *Proceedings* Ocak sayısında basılmış olup doğal olarak mükemmel değildir.

Bu Hitit yazıları ve yaratıları nasıl oluyor da Hitit krallıklarının kurulduğu ve genişlediği bölgelerden bu kadar uzaklarda bulunuyor? Nasıl oluyor da Karabel Geçidi'nde ve Gâvur Kalesi'ndeki kayalarda Hitit savaşçılarına ve Spil Dağı yamaçlarında bir Hitit tanrıçasına rastlıyoruz? Bunların yanındaki –Hama ve Karkamış'taki taşlarda karşımıza çıkanlara benzer– kişileri kimin elleri yaratmış olabilir? Şimdi bu soruları nasıl yanıtlayabileceğimizi göreceğiz.

Karkamış'ta bulunan bir Hitit Kralı Anıtı.

BÖLÜM IV:

HİTİT İMPARATORLUĞU

Mısır anıtlarında Hitit egemenliğinin Küçük Asya'nın en uzak bölgelerine kadar yayıldığına tanık olduk. Kadeş kralları Büyük Firavun'a karşı direnirken Truva'dan, Lidya'dan ve Kilikya sahillerinden destek sağladılar. Yüzyıl sonra Mısır bir kez daha Karkamış ve Halep'in Hitit soyundan gelen krallarından, kısmen Libyalılardan, Truvalılardan ve Küçük Asya'daki diğer halklardan oluşan bir konfederasyonun saldırısına uğradı. Mısırlı bilim adamlarının Hititlerin sömürgeleri konusunda verdikleri bilgiler doğruysa Hitit egemenliğinin ve zaferlerinin izleri Küçük Asya'da mevcuttur.

Ve Küçük Asya'daki Karabel'de bulunan savaşçılar ve İvriz'deki heykeller gibi ilginç anıtların esin kaynağının Hitit sanatı olduğu belirlenince bu izler doğrulandı. Bu anıtların temsil ettiği sanatın ve üzerlerinde yer alan kendine özgü yazı sanatının ana vatanının Suriye'de Hitit kabilelerinin kurduğu kentler olduğunun öğrenilmesi Küçük Asya'nın tarih öncesi geçmişine yeni bir bakış açısı oluşturdu. Bu Hitit anıtları Kuzey Suriye ve Kapadokya'dan yarımadanın batı ucuna kadar iki sürekli hat üstünde yer almakta. Bunlar bir zamanlar Asya'dan Sardes'e ve Ege sahillerine kadar uzanan iki yol üzerinde bulunuyordu. Güneyde İvriz'de ve Lykaonia'daki

(Konya) Bulgar Madeni, Konya ile Beyşehir Gölü arasındaki Fasiler ve Tyriaion'da (Ilgın) ve Karabel Geçidi'nde yer almaktadırlar. Kuzeyde ise Toros Dağları'nı aşıp Maraş'a, Gürün'e ve Kapadokya'daki ünlü Boğazköy ve Alacahöyük'e ulaşıyor, sonra Gâvur Kalesi'ni ve eski Frigya krallarının mezarlarını geçerek tekrar Lidya'nın başkentine ve Karabel Geçidi'ne dönüyoruz.

Halys (Kızılırmak) ve Kapadokya'nın batısında bu anıtlar belli özellikler taşımakta. Bunlar ya Konya'daki gibi gümüş madenlerinin civarında ya da daha sonra Lidya'da birleşen eski yollar üzerinde yer alıyor. Küçük Asya'nın orta kesiminde, güneyde Likya dağlarında ve kuzeydeki sahillerde hiçbir Hitit anıtına rastlanmadı. Bunlar küçük sömürgelerin yerlerini ya da bunları bağlayan yolları belirliyorlar. Dahası, Spil Dağı'ndaki tahtında oturan tanrıça dışında batıdaki savaşçı figürlerinin hepsi seferi halde temsil ediliyorlar. Bu durum Karabel'de, aynı zamanda Gâvur Kalesi'nde tarih öncesi dönemden kalma kalenin hemen altındaki kayaya oyulmuş iki Hitit savaşçısında da görülüyor.

Tüm bu gerçekler için tek bir açıklama mevcut. Küçük Asya'nın batısındaki Hitit anıtları savaşta kazanılan zaferleri temsil ediyor. Karabel Geçidi'nin iki yanındaki savaşçıları yaratan heykeltıraş Hititlerin gücüne bizzat tanıklık etmiş olmalı. Burada Hititlerin savaşı kazandığı ve geçidi ele geçirdiği görülüyor. Bunlar zaferin göstergeleri, yerel sanatın yaratıları değil.

Öte yandan bu zafer aynı zamanda bir uygarlığı da beraberinde getirmiş olmalı. Hititler doğuda özümsedikleri sanat ve kültürü egemenlikleri altına aldıkları barbar halka aşılamadan sürdüremezlerdi. Lidya ve Truva'daki aşiret liderleri bu kadim uygarlıktan etkilenmeden ordularını Suriye'ye sevk edemezlerdi. Aslında Hititlerin batıdaki kaba saba halkların ilk eğitmeni olduğunu kabul etmek gerekiyor. Onlar Babil'den edindikleri kültürün temel ilkelerini buraya taşıdılar; aynı zamanda Küçük Asya yerlilerinin daha sonra kendileri için geliştirdikleri bir yazı yöntemini de beraberlerinde getirdiler.

Bu nedenle Küçük Asya'daki Hitit anıtlarının bazılarının Hititlerin kendileri tarafından değil, uygarlaştırdıkları ve eğittikleri yerli halk tarafından yapılmış olduğu kabul edilebilir. İvriz'deki tanrının ve ona biat edenin yüz hatlarının tümüyle Hititler tarafından yapılmış olanlardan çok farklı Musevi çizgiler taşıması buna işaret ediyor. Hititli sanatçılardan çok Hitit sanatından etkilenen sanatçıların yaptığı anıtlar dışında Küçük Asya'daki anıtların çoğu bizzat Hititler tarafından yapılmıştır. Bu, Karkamış'tan Ege'ye kadar olan kesimlerdeki anıtlarda yer alan resimyazılar ve giysiler ile doğrulanmaktadır. Bu bütünlük ve Karabel ve Spil Dağı'ndaki oymalar ile Hama ve Karkamış'taki yazıtlarda yer alan figürler arasındaki olağanüstü benzerlik, yalnızca bunların aynı ırktan gelen ve aynı dili konuşan bir ırk tarafından yapılmış olduklarını varsaymakla mümkündür. Hitit yazıtlarında aynı resimyazı kalıplarına ve ekleri temsil eden aynı harflere rastlamaktayız.

Dolayısıyla yalnız eski Mısır kayıtlarından değil, aynı zamanda günümüze ulaşan Hitit anıtlarından da Küçük Asya'da bir Hitit İmparatorluğu'nun varlığını kanıtlamış bulunuyoruz. II. Ramses döneminde İsrail halkı üstlenmek zorunda kaldığı güçlükler altında ezilirken bu ülkenin düşmanları Mısır'la boy ölçüşecek düzeyde bir egemenliğe ve üstünlüğe ulaşmaktaydılar. Mısır kralı kısa sürede Hitit prensinin kendisi kadar güçlü olduğunu ve kuzeydeki bilinmeyen topraklardan destek alabildiğini kabullenmek zorunda kaldı. Firavunun iktidarı en az kendisi kadar, hatta belki de ondan daha güçlüydü ve Mısır kralının baskısı altındakiler tarafından destek görebilecek bir düşmanın tehdidi altındaydı.

Öte yandan, bir Hitit İmparatorluğu'ndan söz ederken tam olarak ne kastettiğimizi de anlamak zorundayız. Bu uydu eyaletlerin merkezi bir otoritenin altında toplandığı, aynı yasaların uygulandığı, tek bir kişiye bağlı bir Roma İmparatorluğu gibi değildi. Tek bir yöneticinin egemen olduğu birçok devletin ve ulusun örgütlü bir kurumu olan Pers İmparatorluğu ya da III. Tiglath-pileser ve ardılının yönetimindeki Asur İmparatorluğu da değildi. Bu, dünyada daha önce eşi görülmemiş yeni bir yönetim tarzıydı. İlk Asur İmparatorluğu yabancıların yönettiği eski Mısır İmparatorluğu gibi tamamen farklı bir yapıdaydı. Asur ya da Mısır kralı orduları ile uzak topraklara seferler düzenlediği ve orada yaşayanları haraca bağladığı sürece imparatorluk sınırları genişlemekteydi. Öte yandan bu seferlerden kucak dolusu ganimetle geri döndüğünde egemen olduğu halklar bağımsızlık uğruna ayaklanabiliyor, kral öldüğünde ise orduların ele geçirdiği aşiretlerde ve kentlerde hemen her zaman isyanlar çıkabiliyordu. Nitekim Tiglath-pileser döneminden önce Batı Asya'da imparatorluk bir prensin yabancı bir halka boyun eğdirmesi anlamına geliyordu. Fethedilen bölgelerdeki isyanlar tekrar tekrar bastırılabildiği ve yerlilerin bağımsızlık mücadeleleri sonlandırabildiği sürece imparatorluk varlığını sürdürebiliyordu.

Hititlerin Küçük Asya'da kurdukları imparatorluk da bu türdendi. Bunun ne kadar devam edebildiğini bilmiyoruz. Ama batının uzak köşelerindeki ırklar Hitit prenslerin savaş çağrısına uyduğu sürece imparatorluk ayakta kaldı. Truva ve Lidya'daki kabilelerin Kadeş'teki Hitit kralının emrinde savaşmaları, onların Hititli efendilerinin üstünlüğünü kabullendiklerini ve bir derebeyin emrindeki uyruklar gibi onun komutasında savaş alanına gittiklerini gösteriyordu. Eğer Hitit orduları Ege sahillerine ulaşmasalardı ve Hitit prensleri zaman zaman uzak batıda yaşayanları haraca bağlayabilseydi, Mısır Küçük Asya'daki halklarla savaşmak zorunda kalmaz ve Karabel kayalıklarına Hitit savaşçılarının figürleri oyulmazdı. Hitit satraplarının gelecekteki Lidya başkentinde yaşadıkları dönemde Hitit ismi Küçük Asya'nın en batısına bile korku salmaktaydı.

Bu dönemdeki gelenekler uzun süre geçerli oldu. Lidya krallarının hanedanlarının kökeni Babil ve Asur tanrıları Bel ve Ninos'a dayanıyordu ve Hititler bu isimleri batının en ücra noktalarına kadar taşımışlardı. Söylencelerde Kayseri Ovası'na adını veren Lidyalı kahraman Kaystros'un Suriye'ye kadar gittiği ve orada Semiramis'in gönlünü kazanıp Karkamış tanrısı Derketo'nun babası olduğu anlatılır. Hatta bir Lidyalının Derketo'yu kutsal Aşkelon Gölü'nde boğduğu söylenir. Eusebius Lidya başkenti Sardes'in ilk kez M.Ö. 1078'de Asya'nın kuzeybatı bölgesinden gelenler tarafından ele geçirildiği iddia ediyor.

Öte yandan, Hititlerin Küçük Asya'daki etkileri için önce ünlü Amazon söylencesini ele almamız gerekiyor. Amazonların, Boğazköy kalıntılarının yakınındaki Thermodon (Terme) Çayı kıyılarında yaşayan kadın savaşçılardan oluşan bir millet olduğuna inanılıyor. Buradan hareketle Küçük Asya'da yaşayanları egemenlikleri altına aldılar ve Ege'ye kadar ulaşan bir imparatorluk kurdular. Ege sahillerindeki birçok ünlü kentin onlar tarafından kurulduğu söyleniyor; ünlü Asyalı tanrıça için yapılan ilkel törenlerin uygar Yunanlılar döneminde de sürdürüldüğü Myra ve Kyme, Smyrna ve Efes gibi.

Öte yandan Amazonlar Hitit ordularının ilerlemesiyle Karkamış'tan ötelere yayılan Asyalı tanrıça kültünün rahibeleriydi. Tanrıçanın hizmetinde çok sayıda silahlı rahibe ve hadım edilmiş rahip vardı. Örneğin Kapadokya'daki Komana'da Ma adındaki bu tanrıçanın emrinde en az altı bin kişi bulunuyordu. Aslında Komana ve Efes gibi kentler ona adanmıştı ve nüfusun büyük çoğunluğu bu ünlü tanrıçanın silahlı koruyucusu oldular. Genellikle bunlar, ilk zamanlar Efes'te olduğu gibi, "ana arı" diye anılan baş rahibenin emrindeki kadınlardan oluşuyordu. Efes Yunanlıların eline geçince bu tanrıça

Artemis olarak tanımlandı ve baş rahibenin yerini başrahip aldı. Öte yandan Artemis rahibesine hâlâ "arı" denmeye devam edildi; bu bize eski İsrail'de Deborah ya da "Arı" adındaki ünlü kadın kâhini çağrıştırıyor. Tanrıça Hitit dönemindeki görünümünü sürdürdü. Başında Boğazköy'de Hitit kökenli olduğundan kuşkulanmadığımız heykellerde görülen bir duvar tacı vardı ve arabasını aslanlar çekiyordu. Artemis'in kutsal hayvanı keçi de Hitit döneminden kalmadır.

Kapadokya'dan gelen ve Küçük Asya'yı fetheden "mızraklı" Amazon ordusu Efes'te tapınılan Artemis ile öylesine bağlantılıdır ki Hitit tanrıçası onuruna kalkan ve sadakla dans edenler Hitit tanrıçasının rahibelerinden başkası olamazlar. O dönemin sanat eserlerinde Amazonlar bir Hitit tuniği giymiş, Boğazköy'deki kayalarda yer alan bazı Hitit tanrılarının elindeki çift başlı balta ile sergileniyorken Yunan ozanının sözünü ettiği mızrak da Karabel'deki savaşçıların elindekini çağrıştırıyor. Amazonlarla ilgili söylenceyi ancak onların Hitit tanrıçasının silahlı rahibeleri oldukları ve batıya geliş öykülerinin de Küçük Asya'daki Hitit İmparatorluğu'nun gelenekleriyle bağlantılı bulunduğu şeklinde açıklayabiliriz. Kurdukları söylenen kentler de Hitit yönetiminin merkezlerini oluşturuyor olmalı.

Hititler Küçük Asya'nın batısının yanı sıra Suriye'ye de saldırdılar. Tüm kanıtlar onların Toros Dağları'ndan indiklerini gösteriyor. Güneydeki sıcak vadilere değil soğuk ve dağlık arazilere uygun olan giysiler giyiyorlardı. Ulusal giysileri Suriyelilerin uzun entarileri yerine ancak dizlerine kadar uzanan bir tunik idi. Ancak Suriye kentlerine yerleştikten sonra bu ülkeye özgü giysiler giymeye başladılar; Küçük Asya'daki kayalarda yer alan heykellerdeki tunikler Yunanistan'daki Dorların ya da Ararat'ın eski halkının giydiklerini andırıyor. Öte yandan Hitit kıyafetinin en özgün bölümü ucu kıvrık çizmelerdi. Tüm Hitit figürlerinde bu tür bir çizme görüyoruz.

Çizme yazıtlardaki resimyazılarda da yer alıyor ve Teb'deki Ramses sarayının duvarlarını süsleyen Mısırlı sanatçı Kadeş'i savunan Hititlerin ayaklarına bu çizmeyi giydirmiş. Çizme aslında karda yürümeye çok uygun olan bir kar ayakkabısı ama ova ve tarla için hiç uygun düşmüyor. Kadeşli Hititlerin Asi Nehri'nin sıcak ve bereketli vadisinde halen bu çizmeleri giyiyor olmaları onların kuzeydeki dağlardan geldiklerinin en tartışılmaz kanıtı. Türkler kuzeyden göçerken benzer biçimde ayakkabı giymiş ve bunu Suriye ve Mısır yerlilerine tanıtmış olmalılar. Bu, Türk fatihin kuzeyden geldiğini kesinlikle kanıtlıyor. Onun günümüzdeki Suriye nüfusu ile olan ilişkisi aynen üç yüzyıl önce Hititlerin Kadeşli Aramilerle olan ilişkisi gibi.

Aynı oranda belirgin olan bir başka unsur da Hitit resimyazılarında çok sık görülen uzun, parmaksız eldiven. Sadece başparmak diğerlerini örten kesimden ayrı tutuluyor. Bu eldiven giyenlerin soğuk iklimlerden geldiğini ortaya koyuyor; günümüzde Kapadokya'da yaşayan köylüler kış aylarında benzer eldivenler giymekteler.

Resimyazılarda "ülke" anlamında kullanılan işaretlerde Hititlerin kuzeyden geldikleriyle ilgili bir başka kanıta daha rastlıyoruz. Dağları temsil eden iki, kimi zaman üç şekil Kapadokya'nın başkenti olan Kayseri'deki dağları çağrıştırıyor.

Kadeş'ten ayrılıp kuzeye doğru ilerlerken giderek daha çok Hitit kökenli yerel isimler karşımıza çıkıyor. Sami dilinde "kutsal" anlamına gelen Kadeş adı geride kalırken Sami kökenli olmayan coğrafi isimlerin yer aldığı bir bölgeye geliyoruz. Aynı zamanda bu bölgede ilk kez çok sayıda Hitit yazıtı gözümüze çarpıyor. Güneyde ilk karşımıza çıkan Hama'daki taşlar ve Halep'in kayıp yazıtı ama Karkamış'tan itibaren çok sayıda yazıt bulunduğuna tanık oluyoruz. Bunların yer aldığı bölge kare şeklinde; Karkamış'tan başlayıp Lykaonia'daki Antakya'ya kadar uzanan çizgi karenin tabanını oluştururken

Boğazköy ve Alacahöyük'teki kalıntılar kuzey sınırını çiziyor. Bu bölgenin Hitit halkının ana vatanı ve çıkış noktası olduğu varsayılıyor. Toros Sıradağları'nın iki yamacından kuzeyde Kapadokya'ya ve doğuda Ermenistan'a doğru yayılmış olmalılar.

Hititler Karkamış'ın işgalinden sonra yaklaşık iki yüzyıl boyunca Kapadokya'daki Halys kıyılarında bağımsızlıklarını korudular. Kyros'un Lidya'yı zaptından kısa süre önce Lidya Kralı Kroisos yüzyıllar önce kendi ülkesini işgal edenlerden öç almak için bugün Boğazköy ve Alacahöyük'te bulunan kalıntıların üzerinde kurulmuş olan Pteria kentini yerle bir etti ve halkı esir aldı. Bu işgalcilere Herodotos "Suriyeliler" adını verirken Yunan coğrafyacı Strabon onları "Beyaz Suriyeliler" olarak tanımlıyor. Yunan yazar bu şekilde onlarla Arami ya da Musevi kökenli ve kara derili Suriyeliler arasında ayırım yapıyor; bu bize Mısırlı sanatçıların Hititleri sarı tenli olarak betimlerken Suriyelileri kırmızıya boyadıklarını anımsatıyor. Kapadokyalı Hititlerin Toroslar'ın Suriye'deki bölümünde yaşayanlarla ilişkisinin bunca yıl sürmesi dikkate değer.

Boğazköy ve Alacahöyük Yunanların Pteria adı verdiği bölgede bulunuyor. Alacahöyük'te Asur ve Babil'dekiler gibi yapay bir tümsek üzerine kurulu büyük bir sarayın kalıntıları var. Devasa taşlardan örülmüş olan saray duvarlarının bir kısmı yer yer seçilebiliyor. Saraya aslan kabartmalı bir yoldan ulaşılıyor, aslanlardan bazıları bir koçu kemirmekte. Sağlam kalmış bir koçbaşı ve görünümü Teb'de Karnak Tapınağı'na giden yol üzerindeki koçbaşlı sfenksleri çağrıştırıyor. Saray girişinin iki yanında dış yüzleri sfenks kabartmaları ile dolu iki dev boyutlu yekpare granit yer alıyordu. Bunu yapan sanatçının Mısır'ı ziyaret etmiş olduğu muhakkak ama çalışmalarında ulusal motiflerden de esinlenmiş. Sfenkslerin başları ve ayakları Mısır'dakilere benzemiyor; kolye göğse doğru sallanmak yerine çenenin altından geçiyor ve sfenks

Alacahöyük'teki Çift Başlı Kartal

Mısır'daki gibi uzanmış değil ayakta. Sfenksin yer aldığı taşın sağ tarafının iç kısmında pençeleri arasında Profesör Perrot'nun tavşan olduğunu ileri sürdüğü bir hayvan tutan çift başlı bir kartal var ve kartalın çift başının üstünde bir adam yer alıyor. Bir adamı ya da bir tanrıyı taşıyan çift başlı kartalın benzeri Boğazköy'de de var; bu Hitit sanatının sembollerinden biri olmalı. Bu sembol kendilerini muhtemelen ilk kez Kapadokya'daki Hitit anıtlarında gören Türkmen prensleri tarafından da kullanıldı ve Haçlılar on dördüncü yüzyılda bu sembolü Avrupa'ya taşıdılar. Avrupa'da Alman imparatorlarının sembolü oldu ve buradan sonra günümüzdeki Rus ve Avusturya krallıklarında da kullanıldı. Hitit sanatının günümüze taşınan tek mirası bu değildir.

Alacahöyük'teki saray kapısının lentosu yekpare taştandı; Profesör Perrot'nun iddiasına göre bir aslan başının süslediği bu devasa lentonun parçaları bugün de görülebilir. Girişin iki yanında Asur kralları tarafından yaptırılan saraylardaki gibi kabartmalarla süslü duvarlar vardı. Aslında bu bir sütun kaidesiydi ve duvarın geri kalan kısmı muhtemelen sıvanmış ve parlak renklere boyanmış tuğlalardan oluşuyordu. Çok sayıda işlenmiş blok yere dağılmış durumdaydı. Birinde sunak önünde bir rahip bulunuyor, bir başkasında ise bir kaide üzerinde bir boğa görülüyordu. Biraz ileride birinin elinde bir lir olan öteki ise keçi güden iki erkek figürü vardı, bir başka taşın üstünde ise orantısız olarak resmedilmiş, merdivene tırmanmakta olan bir erkek görülüyordu. Bir başka kabartmada üç koç ve bir çobanın boynuzlarından yakaladığı bir keçi vardı; bir başkasında garip biçimli bir koltuğa oturmuş, ayaklarını bir tabureye koymuş, elinde çiçeğe benzer bir şeyler tutan bir tanrıça yer alıyordu. Buna benzer bir heykele Kommagene sınırları içinde, Toroslar'ın güneyindeki Maraş'ta rastlandı, her ikisinde de aynı koltuk ve iskemle bulunmaktaydı. Bu iki kabartmayı aynı sanatçı yapmış olabilir.

Alacahöyük'teki sarayın girişini koruyan sfenkslerde ve saraya uzanan yolda Mısır sanatının etkisi görülmekte. Burada Kapadokyalı Hititlerin Nil çevresinde yaşayanlarla ilişkide oldukları bir dönemin kanıtları var ve bunlar Mısır kayıtlarını da doğrulamakta. Bir dönemde uzaklardaki Kapadokya Mısır'la bağlantı kurmuş olmalı ve Mısır anıtlarından öğrendiğimize göre bu, II. Ramses dönemine rastlıyor. Alacahöyük'teki sarayın günümüzden 13 yüzyıl önce yapıldığını ve Kadeş ya da Karkamış'taki Hitit prenslerin kuzeyde Kızılırmak civarına kadar ulaştıklarını varsaymak pek de abartılı olmaz. Büyük bir olasılıkla bu saray güneydeki kralların yazlığı idi. Alacahöyük ve Boğazköy'ün bulunduğu yayla denizden yaklaşık iki bin kadem daha yüksekte ve kışlar burada çok soğuk oluyor. Aralık ayından itibaren toprak kalın bir kar tabakası ile örtülüyor. Soğuk iklimlerden gelen insanların güneydeki yaz sıcağına dayanamadıkları çok iyi bilinir; dolayısıyla günümüzde Hindistan'da yönetici olan İngilizlerin yazları yüksek dağlara kaçmaları gibi Suriye'deki Hitit kralları da Kapadokya yaylalarında yazlık saray yaptırmış olabilirler.

Boğazköy'deki heykeller Alacahöyük'tekilerden biraz daha sonraki dönemden kalma. Boğazköy Alacahöyük'ün güneybatısında beş saatlik bir mesafede yer alan ve bir zamanlar çok kalabalık olan bir yerleşim yeri. Yanından geçen bir dere kent kalıntılarını, kente tepeden bakan, çok sayıda heykelin kayalara oyulduğu dağlardan ayırıyor. Kenti çevreleyen surlar yüksek duvarlardan oluşuyordu ve duvarların gerisinde iki yüksek kayalık üzerine inşa edilmiş iki kale bulunuyordu. Surlarda kule yoktu ama dibinde kısmen kayalardan, kısmen de topraktan oluşan bir hendek vardı. Hendeğin zemini düzgün ve kaygan taşlarla örülüydü. Kentteki en önemli yapı saraydı; bu sarayın planı çağdaş gezginler tarafından kopyalandı. Alacahöyük'teki saray gibi bu da yapay bir tümsek üzerinde yer alıyordu ve süslemeler de Alacahö-

Boğazköy'deki heykeller

yük'tekilere benziyordu. Saraydan geriye ancak temel taşları ve bir zamanlar saray bahçesinin ortasında yer alan, üzerinde iki aslan figürünün bulunan devrilmiş bir taş kalmış durumda. Kentin giriş kapısının iki yanındaki sütunlarda aslan başları yer alıyordu.

Boğazköy'ün en ilginç yanı dağlardaki kayalara özenle oyulmuş olan heykeller. Burada iki dar geçitten yararlanılmış ve geçitlerin iki yanı düzlenmiş. Daha büyük olan birinci geçit dikdörtgen biçimindedir. Her iki yanındaki sütun kaidelerinde iki sıra kabartma figür yer alıyor ve bunlar girişin öbür ucunda birleşiyor. Sol tarafta hemen hepsi Hititlere özgü kısa tunik, sivri başlık ve ucu kalkık çizme giyen bir dizi erkek figürü görüyoruz. Öte yandan bunların arasında uzun Suriye entarisi giyen başka figürler de var, bunlar belki de kadın. Aralarında cüce benzeri iki yaratık hilal şeklinde bir ay taşıyor ve bir süre sonra bu kafile tanrılara dönüşüyor ve her birinin yanında Hitit resimyazısı ile ismi yer alıyor. Köşeyi dönünce karşımıza doruklarda oturan üç tanrı çıkıyor, iki rahip yanında bir keçi bulunan bir rahibi başlarının üstünde taşıyorlar. Bu rahip kuzey duvarında girişin sağ yanından gelen kafilenin başı ile karşılaşıyor. Bu sonuncusu başında duvar tacı olan, bir panterin üzerinde ayakta duran, karşısındaki tanrı gibi yanında bir keçi bulunan ünlü Asya tanrıçasıdır. Arkasında elinde çift başlı balta bulunan genç bir tanrı bir panter üzerindedir ve onun ardında da ayakları çift başlı bir kartalın başı ve kanatları üzerinde olan duvar tacı iki rahibe bulunmaktadır. Kuzey duvarındaki çizimler Alacahöyük'teki heykelin benzeri olan kartal deseni ile son buluyor. Doğu duvarında ise uzun bir sıra halinde önce tanrılar, sonra da rahibeler yer alıyor. Sıranın sonunda karşımıza tek bir heykel çıkıyor. Burada bir dağın tepesinde elinde kıvrık bir asa ile duran, hadım edilmiş bir rahip ile bir başka dağ tepesinde işlemeli giysisi ve ucu kıvrık pabuçları ile elinde kanatlı bir güneş kursu tutan bir rahip yer alıyor. Bu heykelin iki ucu kaidesiz sütunlar üzerinde yükseliyor.

İkinci geçidin girişinin her iki yanı insan vücutlu ve köpek başlı, kanatlı iki canavar tarafından korunuyor. Buradan insan eliyle oyulmuş dikdörtgen bir koridora giriliyor, buradaki kayalık duvarlara figürler ve simgeler oyulmuş. Batı duvarında omuzlarında tırpan olan on iki rahip ya da asker yer alıyor; karşılarındaki duvarda iki garip figür kabartması var. Bunlardan birinde adı belki de Attys olan genç bir tanrı hadım edilmiş bir rahibin sol koluna sarılmış durumda ve başının üstünde daha önce sözü edilen garip sembol yer alıyor. İkincisinde başlarını bir sütuna ya da ağaca dayamış iki aslan üstünde arka ayakları üzerine kalkmış çift başlı bir aslan, sivri külahlı bir tanrı başını taşımakta. Tüm bu heykeller sıvanmış olduğundan hava koşullarından etkilenmemiş.

Bu iki dağ geçidinin tapınak olduğu ortada, kutsal figürler ve semboller duvarlardaki kayalara oyulmuş. Tanrılara ve tanrıçalara adanan ve çok sayıda rahip ve rahibenin görevlendirildiği bu tapınak kent sınırları içine hapsedilemeyecek kadar kutsal bir yerdi. Prof. Perrot'ya göre Boğazköy, bir başrahip tarafından yönetilen, vatandaşların Hititlerin önde gelen tanrılarına kurban edildiği Komana gibi kutsal bir kent idi. Karkamış, Kadeş ya da Hierapolis ayarında bir "kutsal kent".

Burasının bir Hitit kenti olduğunu kanıtlayan sadece heykeller değildi. Tanrı figürlerinin yanında Alacahöyük'teki sarayın duvarlarında ve güneyindeki kalıntılarda, Hama ve Halep'te, Karkamış ve Maraş'ta gördüğümüz aynı resimyazılar yer alıyor. Prof. Perrot kayalara oyulmuş dokuz-on satırlık bir yazıt buldu. Zaman ve hava koşulları yüzünden aşınmış da olsa bu yazıtta birçok Hitit harfi seçilebiliyordu. Yayınladığı bu yazıtın fotoğrafından anlaşıldığı kadarıyla bu harfler Suriye'deki Hitit anıtlarında yer alanlarla aynı.

Boğazköy'deki heykeller

Tüm bu ayrıntılar sıkıcı da olsa bunlardan söz etmek gerekiyordu, zira bunlar bir Hitit kentinin, bir Hitit sarayının ve bir Hitit tapınağının içini ve yapısını açıklıyor. Toroslar'ın güneyindeki Hitit bölgelerinde ulaşılan son bulgular da buradaki saray ve tapınakların Alacahöyük ve Boğazköy'dekiler gibi olduğunu gösteriyor. Buradaki eşiklerde de aynı kostümleri giymiş figürlere, aynı aslanlara ve hayvanların sırtına binmiş aynı kanatlı tanrılara rastlıyoruz. Dr. W. Gwyther tarafından fotoğraflanan Karkamış'taki siyah mermer blok üzerindeki heykel parçası Boğazköy'de de çekilmiş olabilirdi. Her ikisi de sanat, biçim ve sembolizm açısından birbirinin benzeridir.

Boğazköy'den Maraş'a uzanan ana yol Gürün Boğazı'ndan geçmiş olmalı. Sir Charles Wilson burada yamaca oyulmuş Hitit yazıtlarıyla karşılaştı. Öte yandan Kapadokya'nın günümüzdeki başkenti Kayseri'den geçen, güneyde Bor ya da Tyana'ya ve Bulgar Dağı'ndaki gümüş madenlerine ulaşan bir ikinci yol da olmalı; Prof. Ramsa Tyana'da bir Hitit metni buldu. İvriz'deki kabartmalar gezginleri Küçük Asya'nın geniş yaylalarından Tarsus'a ve denize ulaştıran ünlü Kilikya kapılarının çok uzağında değil.

Görünüşe göre Bulgar Dağı'ndaki gümüş madenleri ilk önce Hititler tarafından işletildi. Gümüş Hitit halkının özel ilgi alanıydı. Kadeş'te Hitit kralı ile Mısır firavunu arasında imzalanan barış antlaşması bu malzemeden yapılan bir tablet üzerinde yer alıyordu. Böyle tabletlerin sık sık kullanılmasının nedeni, elimizdeki hemen tüm Hitit yazıtlarının oyularak değil taşlara kabartma olarak yazılmış olmasıdır. Hititler resimyazılarını ahşap, taş ya da kil üzerine değil metal üzerine yazıyorlardı; çekiçleme ya da kabartma bir metali oymaktan çok daha az zahmetlidir ve Hititli sanatçıların yazıtlarını taşa geçirmekteki ustalığı da ortadadır. Kullandıkları gümüşün çoğunu Bulgar Dağı'ndan sağlamış olmalılar. Mr. Davis tarafından bu eski maden ocaklarının yer aldığı dağların yakınında bulduğu Hitit yazıtı onların bir zamanlar burada yaşadığını gösteriyor. Muhtemelen bir süre Lidya'da yerleşmeleri de onların bu "parlak metal" tutkusundan kaynaklanmaktaydı. Her halükârda Gümüş Dağları Karabel'in güneyinde yer almakta ve eski işletmelerin izleri halen burada görülebilmektedir.

Ne olursa olsun, Küçük Asya'daki Hitit anıtları Mısır yazıtlarındaki kanıtları kesinlikle doğrulamakta. Bunlar bize Hititlerin dağların Kilikya düzlüğüne bakan yüzündeki gümüşü işlediklerini ve bunun sonucu olarak bu düzlüğün onların sanatından ve yazılarından etkilendiğini göstermektedir. Ayrıca Hititlerin güç odağının Toros Sıradağları'nın her iki yanında güneyde Karkamış ve Kommagene'yi, kuzeyde Kızılırmak havzasının doğusunu kapsayan bir dörtgen içinde yer aldığını ve başkentin doğuda Malatya olduğunu da göstermektedir. Aslında Hitit kabileleri Kapadokya yaylasında dağlarda yaşamaktaydılar ve her yöne doğru yayıldılar. Bir dönemde güçlü liderlerinin önderliğinde Küçük Asya'daki iki ana yolda ilerlediler ve uzak batıda sahilde yaşayan kabilelere egemen oldular. Ordu gücüne dayanan bu imparatorluğun tarihi Spil'in doruğunda Niobé diye anılan Mısır kökenli figür ve Alacahöyük'teki sarayın girişini koruyan sfenksler ile belirlenmektedir. Bu dönemde Kadeş kralları savaş halinde Ege sahillerindeki uydularının reislerinden destek alabiliyorlardı. Hititlerin Küçük Asya'daki anıtları Mısır kayıtlarını doğrulamaktadır. Uriya ya da Batşeba'nın insanları sadece orduları ile Küçük Asya'yı boydan boya geçmekle kalmamış, Likya kentlerine satraplar atamış ve uzak batıdaki barbar kabilelere doğu uygarlığını getirmişlerdir.

BÖLÜM V:

HİTİT KENTLERİ VE IRKI

Kızılırmak yakınındaki Pteria ülkesinde yaşayan Beyaz Suriyelilerin ya da Hititlerin tarihi ile bilgilerimiz Boğazköy'deki kale ve Alacahöyük'teki saray kalıntılarından edindiklerimizle sınırlı. Aynı durum Malatya ve Kommagene'deki Hitit aşiretleri için de geçerli. Maraş'ta bulunan taş aslan heykelinin üzerindeki yazının çözümlenmesi mutlaka bu kentin geçmişine ışık tutacaktır; halen bu kentin eski adını bile bilmiyoruz. Hitit ırkının yaşadığı dağlık bölgeden ayrılıp Suriye'deki vadilere indiğimizde komşularının günlükleri onların yazgısı ve başarılarından söz etmeye başlıyor. Hititlerin güneydeki başkentleri olan Karkamış ve Kadeş hakkında eksik de olsa bir miktar bilgi ediniyoruz.

Karkamış'ın yeri uzun süre belirlenmeye çalışıldı. Bir dönem bu kentin klasik coğrafyada Habur ile Fırat'ın birleştiği noktada kurulmuş olan Kirkesion ya da Circesium olduğu düşünüldü. Oysa Kirkesion'un Asur dilindeki ismi Sirki idi ve bulunduğu yer Asur metinlerinde Gargamis ya da Karkamış olarak belirlenen kentle çakışmamaktaydı. Daha sonra Profesör Maspero klasik yazarlara ve Mısır anıtlarına dayanarak bunun eski adı Mabog ya da Hierapolis olan Menbic olduğunu ileri sürdü ama Membic'deki kalıntılar Yunan döneminden öncesine tarihlenmiyordu ve Fırat'tan epeyce uzaktaki dağlık bölgede bulunmaları, Karkamış'ın Fırat'a hâkim olduğu belirtilen Asur yazıtlarına ters düşmekteydi.

Hititlerin bu eski başkentinin gerçek yerini uzun yıllar Halep'te İngiltere konsolosu olan Mr. Skene belirledi. Fırat'ın batı yakasında, Birecik ile Sayur Çayı'nın ağzı arasında bulunan yapay bir höyüğün altında zaman zaman bir takım kalıntılara ve işlenmiş taş parçalarına rastlandı. Buraya Cerablus ya da Cerablus Kalesi adı verildi ve bu isim bazen yanlış olarak Cerabis diye de yazıldı. Mr. Skene Arapların Hierapolis adını Cerablus olarak tahrif ettiklerinin ayırtına vardı. Roma döneminde Hierapolis ya da Kutsal Kent eski Karkamış'ın geleneklerini ve dinini benimseyen Membic dolayları için kullanılmaktaydı ama Suriye'deki muzaffer Hıristiyanlar Membic'deki büyük tapınağı yerle bir edince kentin adı tarihten silindi ve sadece Karkamış'taki kalıntılarda sözü edilir oldu.

Mr. Skene'nin keşfinden iki yıl sonra Mr. George Smith geri dönemediği gezisinde Karkamış'ı ziyaret etti ve Mr. Skene'nin tanımlamasının doğru olduğunu gördü. Cerablus'un konumu Asur metinlerine uygun düşüyordu; bir zamanlar doğudan batıya doğru uzanan yol üzerindeydi ve kalıntılar arasında Hitit harfleriyle yazılmış bir yazıt vardı. Kısa süre sonra British Museum'a bir Asur tapınağının kapısında bulunan bronz kemerler getirildi; bunlardan birinin üzerinde İsrailli Yehuda dönemindeki Karkamış'ı betimleyen bir kabartma vardı. Burada Fırat kentin surlarının önünden akıyor, bu da buradaki kentin Membic değil Cerablus olduğunu ortaya koyuyordu.

Buradaki arazi Halep'te Mr. Skene'nin ardılı Mr. Henderson tarafından satın alındı ve arazinin eski sahibi bu parayla bir inek sahibi oldu. Bir zamanlar Mısır ve Asur ordularına karşı direnmiş olan Hitit başkentinin değeri tarlada çalışacak bir hayvanla eşdeğer tutulmuştu. 1878'de British Museum'un mütevellileri Mr. Henderson'u bölgede kazı yapmakla görevlendirdiler ama kazıda çalışanlar yeterince denetlenmedi; birkaç Hitit heykeli ve yazıtı Londra'ya ulaştıysa da çoğunluğu yerliler tarafından kirece dönüştürüldü ya da bir değirmenin inşaatında kullanıldı.

Eski kent iki yandan Fırat'la çevriliydi ama kuzeyde ve batıda korumasızdı. Buna karşın burada yapay bir kanal açılmış ve bunun her iki tarafına birer kale yapılmıştı. Mr. Skene kümbetteki kraliyet sarayına odaklandı ve kazıyı yapanlar burada Alacahöyük'tekine benzer bir sütun kaidesinin kalıntılarını buldular; taşların yüzeyinde tanrı ve insan figürleri vardı. Erkekler Hitit sanatına özgü ucu kalkık çizmeler giyiyorlardı.

Karkamış'ın uzun bir geçmişi var. Mısır kayıtlarında ilk kez karşılaştığımızda kent Hititlerin egemenliğindedir. III. Thutmose kentin surları altında savaşmış ve en cesur savaşçıları düşmanı ele geçirmek için kendilerini Fırat sularına atmışlar. I. Tiglath-pileser kentin surlarını Fırat'ın öbür yakasından görmüş ama yaklaşmaya kalkışmamış. Asurbanipal ve oğlu kralı haraca bağlamış ve kent Sargon ordularına teslim olduğunda buraya bir Asurlu satrap atanmış. Kentteki ticari faaliyetler tüccarları servet sahibi yapmış ve Karkamış manehi standart ölçü birimi olarak kullanılmış. Mısır Asya'ya egemen olmak için son girişimini Karkamış surları altında gerçekleştirdi. M.Ö. 604'teki Karkamış Savaşı'nda Neko Suriye ve Filistin'den sürüldü ve buradaki seçkinler kaderlerini Babil kralının ellerine teslim etti. Karkamış muhtemelen bu savaşta yerle bir oldu. Her halükârda Hıristiyanlık döneminden çok önce kutsal kent buradaki büyük tapınakla birlikte Maborg ya da Membic'in ve onun ardıllarının eline geçti.

Asi Nehri üzerindeki Kadeş de Karkamış gibi Hititlerin güneydeki başkenti ve kutsal kenti idi. II. Ramses'in anıtlarında bu kentin resimleri yer almakta. Bunlardan kentin Asi Nehri'nin kaynağı olan ve günümüzde "Kadeş Gölü" diye anılan Humus Gölü'nün kıyısında yer aldığını görüyoruz. Nehir iki kanal içinde akarak kentin çevresini dolanıyordu ve üzerinde geniş bir köprü vardı, kanallar birbirinden bir duvar ile ayrılmaktaydı.

Kadeş Hititlerin Suriye'de son fethettiği kentlerden biri ve onların Batı Asya'daki egemenliğinin simgesi olmalı. Bu kenti ne zaman başkalarına teslim etmek zorunda kaldıklarını bilmiyoruz. 2. Samuel xxiv, 6'da Davud Krallığı'nın kuzey sınırının "Hititlerin Kadeş"i olduğu belirtiliyor; başka kaynaklarda bu Hama'a giriş olarak anılıyor. Dolayısıyla Davud döneminde Kadeş hâlâ Hititlerin elinde olmalı ama Asur Kral III. Shalmaneser'in orduları batıya doğru ilerlerken artık bu kente sahip değillerdi. Asur yazıtlarında kentten ve kent halkından söz edilmiyor, dolayısıyla kentin Şamlı Suriyeliler tarafından yıkıldığını varsayıyoruz. Membic Karkamış'ın yerini alırken Emesa ya da Humus da Kadeş'in yerine geçmiş olmalı.

Hititlerin kuzeyden gelen bir ırk olduğunu gördük. Anavatanları muhtemelen Toroslar'ın kuzeyi idi. Neye benzediklerini kendi heykellerinden ve Mısır anıtlarından izleyebiliyoruz. Mısırlı sanatçıların resimledikleri Hitit yüzleri ile kendi kabartmalarında ve resimyazılarında yer alan çizimler arasındaki benzerlik Mısırlıların gerçeğe sadık kaldıklarını kanıtlarken Mısır yazıtlarındaki Hititlerin Karkamış ve Kapadokya Hititleri ile aynı soydan geldiklerini de ortaya koyuyor.

Çok yakışıklı olmadıklarını kabul etmek zorundayız. Kısa boylu ve bodurdular ve suratları garip ve irkiltici biçimde öne doğru çıkıktı. Alınları basıktı, elmacık kemikleri çıkıktı, burun delikleri geniş, üst dudakları kalındı. Kafatasçılara göre Moğol ırkının özelliklerine sahiptiler. Dahası, Moğollar gibi sarı deriliydiler; gözleri ve saçları siyahtı. Saçlarını atkuyruğu şeklinde topluyorlardı; Mısır anıtlarında bu da uçları kıvrık kar ayakkabıları gibi öne çıkan özellikleriydi.

Kuşkusuz Suriye'de Sami ırkı ile karıştılar ve daha güneyde yerlilerle kaynaştılar. Güney Yehuda'daki Hititlerin isimleri Sami dilindeydi ve muhtemelen bu dili kullanıyorlardı. Kadeş sonuna kadar Sami dilindeki ismini kullanmayı sürdürdü ve daha kuzeydeki Hitit isimlerinde de Sami dilinin etkisi görülmekteydi. Karkamış çevresinde Hititler ve Aramiler bir arada yaşıyorlardı ve Pethor hem bir Hitit hem de bir Arami kentiydi. Kısacası, Suriye'deki Hititler diğer istilacı ırklar gibiydi; özgün konumlarından uzaklaştıkça giderek küçülen egemen üst sınıflar oluşturuyorlardı. Sicilya'daki Normanlar ya da eski İtalya'daki Etrüskler gibi, zamanla yok olacak ya da üstün ırkın içinde eriyeceklerdi. Yalnızca kendi topraklarında güçlü ve arı kalabiliyorlardı ve Kapadokya'da bile eski dillerini unutarak önce Aramice, sonra Yunanca ve son olarak da Türkçe konuşmalarına karşın bugün Toros Dağları'nda hâlâ onların özelliklerini taşıyan tiplere rastlayabiliyoruz. Hatta Kapadokya'nın belli bölgelerinde onların soyundan gelenler yaşıyor olabilir. Sir Charles Wilson, "Pek güzel olmayan bu tipler Kapadokya'nın bazı kesimlerinde hâlâ yaşamaktalar," diyor. "Niğde'nin kuzeybatısındaki büyük düzlükte bulunan olağanüstü yeraltı kentlerinde bunlarla karşılaştım." Irkın özellikleri hemen hiç silinmemiş gibi; dikkatli bakınca eski Hitit ırkının yalnız Küçük Asya'nın batısında değil Filistin'in güneydeki bazı bölgelerinde de hâlâ yaşamakta olduğunu görebilirsiniz.

BÖLÜM VI:

HİTİTLERDE DİN VE SANAT

Lucianos ya da onun adını kullanan bir başka yazar Hıristiyanlık döneminin ikinci yüzyılına tarihlenen ünlü Mabog Tapınağı hakkında ayrıntılı bilgi veriyor. Daha önce gördüğümüz gibi Mabog Karkamış'ın ardılıdır ve putperestlerin tüm törenlerinin yer aldığı Mabog Tapınağı'nın daha önce Karkamış'ta yapılmış tapınaktan farklı olduğunu düşünmemiz için hiçbir neden yoktur.

Öğrendiğimize göre Mabog Tapınağı Kutsal Kent'in merkezinde yer alıyordu. Bir avlusu ve en kutsal emanetlerin bulunduğu, ancak başrahibin ve "tanrılara yakın olanların" girebildiği bir ibadethanesi vardı. On iki kademden daha yüksek olan tapınak yapay bir kümbet ya da platform üzerinde inşa edilmişti ve duvarları ve tavanı altın kaplamaydı. Kapıları da yaldızlıydı ama Kutsal Emanetler bölümünün kapısı yoktu; Musevi tapınakları gibi, binanın diğer bölümlerinden bir perde ile ayrılmıştı. Girişin iki yanında bereket tanrıçasını temsil eden yüksek mahruti bir sütun vardı ve dış avluda pirinç bir sunak yer alıyordu. Bunun sol tarafında bir Semiramis heykeli vardı ve biraz ileride kutsal balıkların bulunduğu büyük bir deniz ya da göl yer almaktaydı. Avluda tanrıların kutsal hayvanları öküzler, atlar, kartallar, ayılar ve aslanlar dolaşıyordu.

Tapınağa girildiğinde sol tarafta Güneş tanrısının tahtı göze çarpıyordu ama Güneş ve Ay tanrıları görüntülenmediğinden tahtın üzerinde herhangi bir figür yoktu. Daha ileride çeşitli tanrıların, bunların arasında da kehanetlerde bulunup mucizeler yarattığına inanan bir tanrının heykelleri yer alıyordu. Söylendiğine göre bu heykel kendi başına hareket edebiliyor ve rahipler tarafından yerinden oynatılmadığında terlemeye başlıyordu. Rahipler onu ellerine aldığında ise onları tapınağın bir bölümünden öbürüne götürüyor, buradaki başrahip sorular sorduğunda da onu taşıyanları ilerleterek bunları yanıtlıyordu. Öte yandan asıl ibadet edilenler Lucianos'un Yunanların Hera ve Zeus'u olarak tanımladığı tanrılardı. Bunların arasında başını altın bir güvercine dayamış olan bir başka figür vardı. Değerli taşlarla donatılmış olan tanrıçanın elinde asa ve başında Boğazköy'deki tanrıçalarınkine benzer bir taç vardı. Ayrıca aslanlara yaslanmaktaydı ve eşi boğalar tarafından taşınmaktaydı. Bu son figür Boğazköy'de Hitit tanrıçasını karşılayan tanrıyı çağrıştırmaktaydı.

Ramses ile Kadeş kralı tarafından imzalanan barış antlaşmasının Mısır dilindeki metninde Hititlerin baş tanrısının adı Sutekh, tanrıçanınki ise Antarata ya da Astarata olarak geçiyor. Bununla beraber, daha sonraki dönemlerde Karkamış'taki tanrıça Athar-Ati olarak anılıyor, Yunanlılar bu adi Atargatis ve Derketo olarak değiştirmişler. Derketo Yunan mitolojisinde Asurlu bir kraliçe olduğu belirtilen Semiramis'in annesi olarak ünlenmiştir ama Semiramis aslında Karkamış'ın adandığı Tanrıça İstar'dır ve Kenan dilinde Ashtoreth, Aramicede Atthar ya da Athar olarak anılmaktadır. Bu nedenle Derketo Semiramis'in görüntüsü ya da ünlü Asur tanrıçasının başka bir adıdır. Güvercin onun kutsal kuşudur, bu nedenle Mabog'daki kutsal üçlünün üçüncü figürünün başının üstünde bir güvercin yer almaktadır.

Tapınakta çok sayıda rahip bulunmaktaydı. Lucianos'un hazır bulunduğu gün bunların üç yüzden fazlası kurban ayinine katılmış. Rahipler beyaz giysiler içindeydiler ve başlarında Hitit anıtlarında gördüklerimize benzer takkeler vardı. Yalnızca başrahibin başında tanrı ve kral heykellerindekilere benzer bir taç bulunuyordu. Rahipler arasında yer alan Galyalılar ya da hadım edilenler festival sırasında tanrılar uğruna bedenlerini yaralıyor ya da yakıyorlardı. Bu bize yaralarından kan fışkırıncaya kadar kendilerini bıçaklayan ya da mızraklayan Baal rahiplerini anımsatıyor.

Yılda iki kez bir heyet tapınağın altındaki kayada yer alan küçük bir çukuru ziyaret ediyordu. Tufan sırasındaki sellerin buradan yeraltına aktığı ve deniz sularının buraya dolduğuna inanılıyordu. Suriye kökenli Hıristiyan yazar Melito ulu tanrı Hadad'ın kızı Simi'nin bir canavarın saldırılarını engellemek için onun yaşadığı bu çukuru deniz suyu ile doldurduğunu ileri sürüyor. Öte yandan Lucianos döneminde canavar tufan olarak tanımlanıyordu ve Yunan yazarın anlattığı tufan öyküsü Yaratılış kitabında okuduklarımızla uyum içinde olduğu için bu öykünün Hierapolis rahipleri tarafından İbrani yazıtlarından alındığı anlaşılıyor. Öte yandan bu gelenek çok daha eskilere dayanmakta ve aslı Babil'e kadar uzanıyor. Her halükârda tufan Kaldeli Nuh'un bir başka ismi olan Sisythes adıyla anılıyordu. Binbaşı Conder Kadeş civarında "Nuh'un Gemisi" olarak anılan bu yere ulaştı. Bunun hemen yakınında Tennur ya da Ocak adı verilen, İslam inanışına göre tufanda sellerin fışkırdığı bir kaynak yer almaktaydı.

Öte yandan Mabog'da tufanı konu alanın dışında birçok festival düzenleniyordu. Dünyanın her yanından –Arabistan'dan, Kapadokya'dan, Babil'den hatta Hindistan'dan– birçok hacı buraya akın ekmekteydi. Hacılar burada sadece su içmekte ve yerde yatmaktaydılar. Getirdikleri çok sayıda değerli armağanı tanrıya sunuyor ve kurban kesiyorlardı. En çok keçi ve koyun kurban ediliyordu ama kimi zaman öküz de kesiliyordu. Etinin yenmesi ya da kurban edilmesi yasak olan tek hayvan Musevilerdeki gibi domuzdu, zira onun temiz olmadığına inanılıyordu. Tapınağa adanan kurban genellikle sahibinin evine götürülür ve orada kesilirdi; ama kimi zaman tapınaktan aşağı fırlatılarak da kurban edilirdi. Çocuklar bile ebeveynleri tarafından kurban edilebiliyordu; hayvan derileri içine yerleştirilip bağlanıyorlar ve onların "çocuk değil" öküz olduğu söyleniyordu.

Tapınağın yapımıyla ilgili çeşitli öyküler anlatılıyor. Bazıları tufanda sel suları toprak tarafından emildikten sonra Sisythes'un bu tapınağı yaptırdığını ileri sürüyor.

Muhtemelen Mabog'da Karkamış geleneklerinin benimsenmesinden önce bu söylenceye inanılıyordu. Söylence yörenin yerel koşullarına son derece uygundu. Diğer söylenceler muhtemelen eski Hierapolis'ten kaynaklanmaktaydı. Bunlardan birine göre tapınak Semiramis tarafından yarı kadın yarı balık olan annesi Derketo için yaptırılmıştı ve yakındaki gölde kutsal balıklar vardı. Bir başka söylenceye göre burasını Attys yaptırmış ve Yunanlıların Rhea adını verdiği tanrıya adamıştı.

Bununla beraber, Derketo ve Rhea, Frigya'da Kybele ya da Kybebe olarak bilinen ve "Ulu Ana" diye anılan tanrıçaya verilen farklı isimlerdir. Görüntüsünde toprak anayı ve insanlığın yaşam kaynağını temsilen çok sayıda meme yer almaktadır. Giysileri Babil'deki İştar, Kenan'daki Aştoreh'inkilerle aynıdır; hatta biçimi bile Karkamış'taki bir kabartmada gördüğümüz Babilli İştar'a benzemektedir; başındaki taç dışında çırılçıplaktır, elleri memelerinin üstündedir ve her iki omzundan birer kanat çıkmaktadır. Aslında o Babil dininin ve ibadet şeklinin önce Hititlere ve onlar kanalıyla Küçük Asya halkına yayılan etkisinin simgesidir. Lidya'da bile Karkamış'taki kabartmada ve eski Kalde'deki silindir mühürlerde yer alanları andıran ama ilkel bir biçimde oyulmuş benzer bir figür bulunan bir taşa rastlanmıştır.

Spil Dağı'ndaki oturan figür gibi bu taş da onun kültünün Hitit orduları tarafından batıya taşındığına işaret etmektedir. Daha sonraki geleneklerde de bu etki devam eder. Lidyalı kahraman Kaystros'un Suriye'ye gittiği ve orada Derketo ile evlendiği söylenir. Öte yandan tanrıça Derketo'yu Aşkelon'daki kutsal gölde boğanın da Lidyalı Mopsos olduğuna inanılır. Burada Lidyalı askerlerin Hitit prenslerinin önderliğinde Mısır'a doğru ilerlerken Karkamış tanrıçası Athar-Ati'nin adını ve kişiliğini öğrendiklerini ileri sürebiliriz.

Babilli İştar oğlu ve damadı, genç Güneş tanrısı Tammuz ile birliktedir. Gencin zamansız ölümü halkı derinden etkilemiştir. Zülkifl Kudüs'teki tapınakta Tammuz'un ölümüne ağlayan kadınlarla karşılaşır; Fenike kentlerinde her yıl günler boyu onun ölümünü ve yeniden doğuşunu simgeleyen festivaller coşkuyla kutlanır. Suriye'de ona Hadad adı verilmiş ve tanrı Rimmon ile özdeşleştirilmiştir, dolayısıyla Zekeriya (xii. 11) Nagiddo Vadisi'nde Hadad-Rimmon için yas tutulduğundan söz eder. Hierapolis ve Halep'te ona Hadad ya da Dadi ismi verilirken Küçük Asya'nın tümünde kendisine Attys, "parlak yıldızların çobanı" adıyla tapınılır. Ölümüyle ilgili söylence Hititler döneminde ve onların aracılığı ile Küçük Asya'daki aşiretlerde değişikliğe uğramıştır. Onun Boğazköy kayalıklarında ana tanrıçanın arkasında bir panter ya da aslan sırtında giden genç tanrı olduğundan kuşku duyulamaz.

Mabog halkı tapınaklarının daha eski olanın ardılı ve Karkamış'ın bir zamanlar Kuzey Suriye'deki "Kutsal Kent" olduğunu hiç akıldan çıkarmadı. Bu yüzden tapınağın yapılmasıyla ilgili söylenceler daha önce burada yer alan ama uzun süre önce yıkılanla bağlantılı oldu. Lucianos ziyaret ettiğinde tapınak Asur kralının eşi Stratonike'ye adanmıştı. Oysa Stratonike Sami dilindeki Asthoreth adının Yunancasıdır ve Fenikeli Ashtoreth'in Athar-Ati'nin yerine geçtiği döneme işaret eder. Babil'den sunağın yapımında çalışmak üzere gönderilen genç Kombabos hakkında garip bir söylence var. Kombabos Tammuz'un diğer adıydı, Stratonike ise İştar'ın ve söylence Babillilerin Hitit halkı üzerindeki dinsel etkisini sergilemesi açısında da ilginçtir.

Semiramis Hierapolis'te yaşayan Aramilerin Athat-Ati adını verdiği tanrıçanın Hitit dilindeki adı olabilir. Bu durumda iki ismin varlığının yol açtığı sıkıntı eski söylencelerde onu Derketo'nun kızı yaparak çözümlenebilirdi. Öte yandan Derketo balık-tanrıça iken Semiramis'in simgesi Asthoreth ya da Kıbrıs'ta tapınılan Afrodit gibi güvercin idi. Güvercin simgesinin Batı'ya taşınması çok eskilere dayanır. Dr. Schliemann tarafından Miken'deki tarih öncesi mezarlarda bulunan eserler arasında altın kaplama figürler vardı ve bunlardan ikisi elleri göğsünde, başında güvercinler bulunan çıplak tanrıçalardı. Üçüncüsü ise çatısının iki yanında iki güvercinin oturduğu bir tapınak figürüydü. Miken'deki tarih öncesi sanatın Küçük Asya'daki ile çok yakın bağlantısı bulunduğu düşünülürse güvercin sembolünün Hititler aracılığı ile Ege'ye yayıldığını ve Miken tapınağının çatısındaki iki güvercinin Lidya ya da Kapadokya'daki bir Hitit tapınağını anımsattığını varsaymak mümkün.

Lucianos'un tapınağın yapımı ile ilgili aktardığı söylencelerin hepsinde burasının bir tanrıçaya adandığı ileri sürülüyor. Kutsal Kent bir tanrının değil bir tanrıçanın koruması altındaydı, bu da burada neden hadım rahipler bulunduğunu açıklıyor. Burada Attys ya da Hadad'a tapınılıyorsa bu annesinin kanatları altında gerçekleşiyordu ve tapınaktaki diğer tanrılar ikincildi. Yunan yazarın Zeus olarak tanımladığı tanrı bir sözleşme ya da evlilik aracılığı ile tanrıçaya gösterilen saygıyı paylaşmaktaydı. Aynı durum Boğazköy'de de geçerli olmalı. Burada da ana tanrıça ön plandadır ve hemen ardından oğlu Attys gelmektedir; Lucianos'un Zeus'u,"kral" anlamına gelen Tar ya da Tarku adındaki tanrı ise tanrıçayı karşılamak üzere ilerlemektedir.

Kilikya ve Lidya'da bu tanrı Sandan adıyla bilinmektedir. Sikkelerde adı "Tarsuslu Baal" olarak geçer; elinde bir salkım üzüm ve bir mısır koçanı tutmaktadır. Onu İvriz'deki bir kayaya oyulmuş olarak görebiliriz. Burada boynuz şeklindeki kurdelelerle bezenmiş sivri bir Hitit külahı, kısa bir tunik ve ucu kıvrık botlar giymektedir. Bileklerinde bilezikler, kulaklarında küpeler vardır.

Sandan Güneş olarak tanımlanır ve Sami dili Kilikya'da yaygınlaştığında yüce Baal olmuştur. Aynı değişim yüzyıllar önce Suriye'deki Hitit kentlerinde de yaşanmıştır. Mısır anıtları Karkamış'taki ulu tanrıça gibi, bir aslanın üstünde olarak temsil edilen Suriye'li tanrıça Kes'in yanı sıra Kenan halkının Sami Baal'i ile eşdeğer olan Hititlerin Sutekh'inden söz etmektedir. Sutekh Hititlerin en ulu tanrısıydı ama aynı zamanda Hititlerin yaşadığı her kent ya da devlette de yer alıyordu. Surlu Baal ve Tarsuslu Baal gibi, Karkamışlı Sutekh ve Kadeşli Sutekh vardı. Ona çeşitli şekillerde ibadet ediliyordu ama her yerde o aynı Sutekh, aynı ulusal tanrı idi.

Sutekh'ın etkisinin Ramses döneminden sonra azalmaya başladığını ve onun yerini tanrıçanın aldığını görüyoruz. Bu muhtemelen Babil ve Asur'un etkisiyle gerçekleşiyor. Her ne kadar Ramses'le yapılan barış antlaşmasında Sutekh Hitit devletlerinin başında gibi görünüyorsa da daha sonra Kutsal Kentlerdeki temel kült Ana-tanrıçanınkidir. Karkamış, Mabog, Boğazköy ve Komana'da egemen olan artık tanrıçadır.

Kapadokya'daki Komana'da tanrıçanın adı Ma oluyor. Hizmetinde 6000 rahip ve rahibe var ve tüm kent ona adanmış durumda. Kralın tahtına Abakles ya da başrahip oturuyor. Boğazköy'deki heykellerden Pteria'da da durumun aynı olduğunu görüyoruz ve Küçük Asya'daki diğer Kutsal Kentler için de aynı şeyin geçerli olduğunu biliyoruz. Frigya'daki Pessinus'ta tanrıçanın yanında panterler yer alırken tüm kent Galyalının ya da rahibin komutasında ona ibadet etmekte ve Karadeniz sahillerinde Yunanlar tüm nüfusun Kybele onuruna dans eden zırhlı Amazon rahibelerinden oluştuğuna inanıyor. Yunan sömürgesi olan Efes'te halk yaşamlarını ana-tanrıçaya ibadete adıyor, öyle ki Aziz Paul döneminde bile kent "ünlü tanrıçaya tapanlar" olarak tanımlanıyor. Pessinus'ta olduğu gibi burada da kendisine "cennetten düşen" bir göktaşı şeklinde tapınılıyor.

Bir tanrıça tarafından korunan ve ona tapınılan Kutsal Kentleri Hitit ırkının bir özelliği olarak algılayabiliriz. Onların güneydeki başkentleri Kadeş ve Karkamış bu tür kentlerdi ve Boğazköy'deki kaleleri de muhtemelen kutsaldı. Küçük Asya'daki yayılmaları sonucu kutsal kentlerin sayısı artmış ve giderek çoğalan bir silahlı rahipler sınıfı oluşmuştur. Kapadokya'daki Komana ve Ege sahilindeki Efes bu kutsal kentlerin tipik örnekleridir. Halkın tümü kentin adandığı tanrıya tapmaktadır, tanrının tapınağı kent merkezindedir ve asıl yetki sahibi başrahiptir. Başrahibin yanında bir kral yer alsa bile zamanla ikinci plana düşmüştür.

Bu Kutsal Kentler aynı zamanda "Barınak" ya da "Sığınma Yeri" idi. Suçlular buraya sığınabilir ve peşindekilerin elinden kurtulabilirdi. Kent sınırları içinde ve tanrının koruması altında bulunan suçlu artık yaralanamaz ya da öldürülemezdi. Öte yandan buraya sığınanlar sadece kazara birini öldüren ve düşmanlarından kurtulmak isteyenler değildi. Borçlular ve politik sığınmacılar da burada güvende oluyorlardı. Kuşkusuz bu sığınma hakkı sık sık istismar ediliyordu ve gerçek suçlular da bu kanunsuzluk ve intikam döneminde kadersizleri korumaya yönelik bu kurallardan yararlanmaktaydı. Öte yandan bu kurum gerçekten çok iyi çalıştı ve bir yandan ruhban sınıfın gücünü arttırırken bir yandan da haksızlığın ve şiddetin önüne geçti.

Sığınma Kentleri yalnızca Küçük Asya'da ve Hititlerin elindeki bölgelerde var olmadı. Filistin'de de oluşturuldu; muhtemelen ülkenin yaşlı nüfusundan tanrının emirlerine uyan ünlü İbrani kanun adamları tarafından benimsendi. İbrani sığınma kentleri altı taneydi. Bunlardan biri Asi'deki Kadeş gibi adından "Kutsal Kent" olduğu anlaşılan "Celile'deki Kedesh" idi; bir başkası bir zamanlar Hititler ve Amoriler tarafından işgal edilen eski Hebron tapınağı idi. Ürdün'ün batısındaki üçüncü sığınak kenti olan Shechem, Yakup tarafından "Amorilerin elinden alınmıştı"; diğer üç kent uzun süre Amori kabilelerinin egemen olduğu Ürdün'ün doğusundaki bölgedeydi. Bu yüzden bu kentlerin Musa'nın Tanrı'nın yardımıyla Filistin'in İsrailli fatihleri için ne yapması gerektiği emredilmeden çok önce barınak ya da sığınma yerleri olup olmadığını sorgulayabiliriz.

Hitit sanatının Hitit dini ile çok yakın bağlantısı vardır. Dünya tarihinde din ve sanat her zaman iç içe geçmiş durumdadır ve çoğu kez, Boğazköy'deki heykeller örneğindeki gibi, bir halkın dinini onun sanatından anlayabiliriz. Hitit sanatı Babil sanatının farklı bir biçimidir ve ana-tanrıçaya tapınmada olduğu gibi Babil'in etkisini yansıtır. Her ikisi de Kalde kültürünün etkisi altındadır.

Öte yandan Hitit sanatının temelini Babil oluştursa bile bu Hititli sanatçıların elinde olağanüstü değişime uğramıştır. Babil silindir mühürlerindeki gibi tanrılar hayvanların üstünde sergilenirken sarayların duvarları Kalde ve Asur'dakiler gibi uzun kabartmalarla bezenmiştir ve hayvanlar birbirleriyle yüz yüze betimlenirken uygulanan işçilik ve ayrıntılar tamamen yereldir. Hatta kanatlı güneş kursunda bile Hitit heykelciliği yadsınamaz bir özgünlük sergiler. Hititli sanatçılar hayvanların canlandırılmasında olağanüstü başarılıydılar ama bıkmadan betimledikleri aslan figürleri Babil ve diğer ülkelerde yer alan aslan heykellerinden bütünüyle farklıdır. İnsan figürlerinde de Babil sanatının genel kavramları yeni ve özgün bir tarzda uygulanmaktadır. Bir Hitit savaşçısının ya da Hitit tanrısının heykelini gören biri bunu bir başka ırkın yaratısı ile asla karıştıramaz. Figür heykeltıraşın kendi yaşamındaki günlük deneyimi ile oluşturulmuştur. Kıvrık uçlu pabuçlar, küt hatlar, garip çıkıntılı profil sanatçının yurttaşlarının giyimlerinden ve görünümlerinden esinlendiğini göstermektedir ve onun yaratıları ile Mısır anıtlarında gördüğümüz figürlerin birbirine uyumu sanatçının aslına ne kadar sadık kaldığını kanıtlamaktadır. Özetlersek, Hitit sanatında Babil sanatı yer almaktadır ama uygulama ve seçim tamamen kendine özgüdür.

Sanatçı bu özgünlüğünü konularını seçerken ve bir araya getirirken sergilemektedir. Babilliler yarı insan yarı hayvan canavarlar kullanıyorlardı; Hititler çift başlı kartalı yarattılar ve aslanlara insan başı eklediler. Düğümleme Babil takılarında ender olarak kullanılmaktaydı, oysa hayvanların tümü yerine sadece başlarının kullanılmasında görüldüğü gibi, Hitit sanatının belirgin bir özelliği idi.

Aynı şekilde, hayvanların yüz yüze ve nadiren de sırt sırta betimlenmesi ilk kez Kalde sanatında uygulanmaktaydı ama bunu sanatın bir parçasına dönüştürenler Hititler oldu. Bunun onların hayvan görünümlerine olan düşkünlüklerinden kaynaklandığı söylenebilir.

Babil kültürünün etkisi ilk kez on sekizinci Mısır hanedanlığında sergilenirken Tel el-Amarna'daki tabletler Hitit aşiretlerinin güneye, Suriye ovalarına doğru indiğini ortaya koymaktadır. Öte yandan bu çok daha önceki döneme de ait olabilir. Hâlen elimizde bunu kanıtlayacak malzeme bulunmuyor. Aslına bakılacak olursa bir dönemde Hititler Babil uygarlığından, dininden ve sanatından yoğun biçimde etkilenmiştir. Bu artık Suriye'ye yerleşmiş olmalarından kaynaklanabilir.

Hititli heykeltıraşların Mısır sanatından etkilendiği dönem Alacahöyük'te yarattıkları sfenkslerle ve Spil Dağı'ndaki oturan figürle daha kolay saptanabilir. Bu, II. Ramses dönemi ve Mısır'la Hitit prensleri arasında büyük savaşların yaşandığı on dördüncü yüzyıl olabilir. Belki Mısır'ın etkisi kısa sürmüştür ama bu etki büyük bir olasılıkla Hititlerin resimyazı kullanmasına yol açmıştır.

Daha sonraları Babil etkisinin yerini Asur sanatı alıyor. Karkamış'ta daha sonraki döneme ait heykellerde Babil'den çok Asur etkisi görülüyor. Halen British Museum'da sergilenen Karkamış'taki kanatlı tanrıça figüründe Asur sanatının izleri açıkça seçilmektedir. Diğer giysili tanrıça heykellerinin esin kaynağı da aynı olmalı. Babil sanatında İştar çıplak olarak canlandırılmaktadır.

Her halükârda Profesör Perrot Hitit sanatının kökeninin Suriye'de, Toroslar'ın güney yamaçlarında aranması gerektiğini ileri sürüyor. Buradan Kapadokya'da yaşayan aşiretlere yayılmış. En ilkel örnekler Kuzey Suriye'de yer alıyor. Alacahöyük'taki heykeller çok daha ustalıkla yapılmış.

Hititlerin yarattığı bronz figürlerin keşfini de Profesor Perrot'ya borçluyuz. Bunlar hem geleneksel hem de ilkeldir. Louvre'de bir hayvana binmiş olarak sergilenen sivri uçlu bir taç giymiş olan figür en ilkel örneklerden biridir. Tanrı'nın yüzü özenle işlenmiş olsa da üzerine bindiği hayvanın cinsini saptamak olanaksızdır. Aynı şekilde, yine Louvre'da yer alan tunç boğa heykeli de doğal görünümünden çok farklıdır.

Bu tunç heykeller Hitit madensel sanatının en güzel örnekleri ise çok az sayıda olmaları üzüntü vericidir. Öte yandan Hititlerin işlediği değerli taşlarda durum farklı. Bunların çoğu son derece ustalıkla işlenmiş; örneğin Kapadokya'da bulunan bir hematit silindir mühür Babil sanatının en güzel örnekleriyle boy ölçüşebilir. Değerli taşlar ve silindirler çoğunlukla mühür olarak kullanılıyordu; bazılarında taştan kesme kulp var ve mühürlerin dört, kimi zaman beş yüzünde desenler yer alıyor. Kulplar Hitit sanatının ya da en azından bu sanattan etkilenmiş olanların özelliklerini taşımakta. Değerli taşlarda dikkat çeken bir başka özellik oyulan desenin iç kısmının çevresindeki bir ya da daha fazla sayıdaki daire; bu dairelerde çok sayıda süsleme, figür hatta kişiler var ama kişiler genellikle merkezde yer alıyor. Kapadokya'daki Yozgat'ta bulunan iki taş birbirine son derece benziyor, aynı sanatçı tarafından yapılmış olmalı. Daha büyük olanının ortasında bir yazıt yer alıyor, bunu çevreleyen dairede son derece ince işlenmiş çok sayıda figür yer alıyor. Kanatlı güneş kursu "kraliyet" sembolünün üstünde ve iki yanında diz çökmüş olan yarı insan yarı boğa bir figür bulunuyor. Bu figürün sağında ve solunda birer rahip ayakta duruyor, onların arkasında solda bir erkeğin bir ağaç köküne baktığı görülürken sağ tarafta iki ok, bir sadak, bir sepet, bir geyik başı ve elinde bir kuşla oturmuş bir tanrı yer alıyor. Bu iki grup birbirinden bir çizme ile ayrılıyor. Kanatlı güneş kursunun kraliyeti temsil etmesi gibi çizme de toprağın simgesi olabilir. Daha küçük olan mührün ortasında farklı bir yazıt var; bunu iki daire çevreliyor; dairelerin birinde bir dizi süsleme, ötekinde ise daha büyük olanındakine benzer figürler var ama burada onların konumu farklı ve buraya bir de ağaç eklenmiş. İşin ilginç yanı bu taşın Küçük Asya'nın batı ucundaki Aydın'da bulunmuş olması ve çevresindeki figürlerin farklı olmasına karşın ortadaki yazının Yozgat'ta gün yüzüne çıkarılan daha küçük mühürdekine çok benzemesi.

Bu silindir mühürler yalnız Hitit sanatını değil Hitit yaratıcılığını da temsil ediyorlar. Bunların benzerleri ne Babil'de ne de Asur'da yer alıyor.

Bu değerli taşlara Ege'den Yunanistan sahillerine kadar her yerde rastlanıyor. Dr. Schliemann'ın Miken'deki bulgularında arasında taşında Hitit sanatına özgü oymalar bulunan iki altın yüzük vardı. Birinin üstünde iki sıra hayvan başı, öbüründe ise Küçük Asya'daki taşlarda rastladığımız ayrıntılı desenler yer alıyordu. Bir ağaç altındaki bir kadının karşısında Hitit heykellerindekine benzer ucu kıvrık çizme ve volanlı bir giysi içinde iki erkek durmaktaydı ve arka plan hayvan başlarıyla doluydu.

Miken kalıntılarında bulunan bu taşlar Hitit etkisinin Küçük Asya kıyılarından öteye yayıldığının tek kanıtı değildir. Hitit tanrıçasından ve tapınağın çatısındaki güvercinlerden daha önce söz etmiştik; ince altın tabakada yer alan bir başka figür de tufandan sonra "ağlayan Niobe'ye" dönüşen, Spil Dağı'nda oturan Hitit tanrıçasını çağrıştırıyor. Öte yandan, Hitit sanatının batıya yayılmasının belki de en ilginç kanıtı eski Peloponnesos kentinin devasa kapısının üzerinde taşa oyulmuş, yüz yüze bakan ünlü aslanlarda bulunmakta. Miken aslanları Avrupa'daki en eski heykeller olarak bilinmekte ama bunların esin kaynağı Hitit sanatı idi. Benzer bir kabartma Frigya'da Hitit anıtlarının bulunduğu yerin yakınındaki Kümbet'te bulundu; armalardaki aslanların Hitit sanatına özgün figürler olduğunu az önce gördük.

Yunanlar Miken'deki yöneticilerin Lidya'dan geldiklerini ve beraberlerinde Küçük Asya uygarlığını ve hazinelerini getirdiklerini kabul ediyorlar. Bu, günümüzdeki araştırmalarla da kanıtlandı. Miken ve benzeri yörelerde ulaşılan Yunanistan'ın tarih öncesi kültürüne ait kimi bulguların Mısır ve Fenike'den etkilendiğine inanılırken diğerlerinin Küçük Asya kökenli olduğu görülmektedir. Ve Küçük Asya kültürü Hitit kültürü demektir. Dolayısıyla Mr. Gladsone Homeros'un Keteiosların Hititler olduğunu söylemekte haklıdır; Homeros Miken ve Lidya hanedanlığının efsanevi zaferlerinden söz eder. Hatta bir Alman bilim adamı tarihöncesi Yunan'ının pelerinindeki kemer tokasının İvriz'deki bir Hitit anıtındakini andırdığını ileri sürmektedir.

Bu nedenle günümüzde Hitit halkının nicedir süren uykusundan uyanması bizi iki yönden ilgilendirmektedir. Sadece seçkinlerin kaderinde oynadıkları rol ya da Davud'un karısının bir Hititli ve İsa'nın atası olmasından ötürü değil, aynı zamanda çağdaş Avrupa uygarlığımızın onlara olan borcu nedeniyle. Biz kültürümüzü eski Yunan'dan devraldık ve Yunan kültürünün kökeni de Küçük Asya'yı fetheden Hititlere dayanmakta. Hitit savaşçıları Asya'nın girişindeki Karabel Geçidi'nde halen nöbet tutmaktalar ve bu ırkın insanlığın eğitiminde oynadıkları rolün simgesi gibiler. Hititler Babil ve Mısır'ın kadim uygarlıklarını Asya'nın en uzak sınırlarına kadar taşıdılar ve bu Avrupa tarihinin puslu şafağında Batı'ya aktardılar. Ama kendileri bu sınırları asla aşmadılar; Lidya'nın fethi ile üstlendikleri görevi yerine getirmiş bulunuyorlardı.

Karkamış'ta bulunan bir yazıt *(sonradan tahrip olmuş).*

BÖLÜM VII:

YAZITLAR

Kaybolmuş bir halkın geçmişi arkalarında bıraktıkları kayıtlar dışında nasıl aydınlatılabilir, diye bir soru sorulabilir. Eldeki az sayıda yazıt parçası okunamadan Hititler hakkında nasıl bilgi sahibi olabiliriz? Bu sorunun yanıtı daha önceki sayfalarda yer alıyor. Hitit yazıtları hâlâ çözümlenemedi ve çok azını ele geçirebilmiş durumdayız ama bir ırkın geçmişini yeniden canlandıracak başka kaynaklar var ve bu kaynakların yorumcuları da mevcut. Hititlerin geride bıraktıkları anıtlar, oydukları mühürler, yaşadıkları kentler, Eski Ahit'te, Asurluların çiviyazısı tabletlerinde, Mısırlıların papirüslerinde yer alan öyküleri uygar dünyanın kaderinde derin etkisi bulunan güçlü bir imparatorluğun yapısını gözler önüne sermekte.

Öte yandan Hitit yazıtları tümüyle yararsız oldu denemez. Bunlar Hitit egemenliğinin dağınık anıtlarını bir araya getirmemize ve bunlardaki sanatın Hitit kökenli olduğunu anlamamıza yardımcı oldular. Karabel Geçidi'ndeki savaşçı figüründe ve Spil Dağı'nda oturan tanrıçada yer alan Hitit resimyazısı bu heykellerin Hitit kökenli olduğunu kanıtlıyor. Aynı şekilde Hitit harfleriyle yazılmış yazıtlar Hitit ordularının Küçük Asya'daki geçiş yollarını belirlememizi ve bir zamanlar Hama kentinin Hitit prensleri tarafından yönetildiğine emin olmamızı sağladı.

Hitit yazılarının başlıca iki özelliği var. Hemen hemen hepsindeki resimyazılarda oyma yerine kabartma tekniği kullanılmış ve satırlar önce sağdan sola, sonra da soldan sağa okunuyor. Harflerin yönü hangi yönde okunması gerektiğini belirliyor. Bu ardışık ya da *bustrofedon* yazı stili erken dönem Yunan yazıtlarında da görülüyor ve bu yöntem Fenikeliler, Mısırlılar ya da Asurlular tarafından uygulanmadığına göre Yunanların bunu Hitit yazısını kullanan komşularından mı öğrendiği sorusu ortaya çıkıyor.

Hitit yazısının bir başka özelliği hayvan başlarının ve insanların sık sık metinde yer alması. Hayvanın tüm bedeni çok az kullanılıyor, sadece başını kullanmak yeterli görülüyor. Bu özellik Hitit resimyazısını Mısırınkinden farklı kılıyor.

Öte yandan harfler kısaca incelendiğinde Hititlerin bunu Mısırlılardan almamış olduğu görülüyor. İki yazı yöntemi birbirinden tamamen farklıdır. Hitit figürlerinde en fazla rastlanan iki özellik olan kar ayakkabıları ve parmaksız eldivenler Hititlerin kuzeyden geldiğine işaret ederken *ülke* kavramı da Kapadokya'daki dağ tepeleri ile resmedilmekte. Bu nedenle bu yazı yönteminin Suriye'nin güney bölgelerinde ya da Kenan'da değil Kapadokya'da icat edildiği varsayılıyor.

Bununla beraber, bu yazının Hititlerin Mısırlılar ile kurduğu ilişkiden ve Mısır yazısını tanıdıktan sonra icat edildiğini ileri sürebiliriz. Günümüzde de benzer durumlar yaşanmıştır. Kuzey Amerika'daki bir Kızılderili Beyaz Adam'ın kitaplarını gördükten sonra kendi halkı için özgün bir yazı oluşturdu ve Vei kara derilileri de aynı şekilde aşiretleri için garip heceleme sistemi icat ettiler. Aynı şekilde Mısır resimyazısını gören ve düşüncelerin böyle aktarıldığına tanık olan bazı Hititli dehalar da kendi halkları için benzer bir iletişim sistemi oluşturmuş olabilir.

Her halükârda Hitit harflerinin Mısırdakiler gibi kimi zaman düşünceleri aktarmak, kimi zaman hece ve sesleri temsil etmek amacıyla, kimi zaman da sonuna geldiği sözcüğün eki olarak kullanıldığı ortadadır. Dahası, II. Ramses dönemindeki gibi, bir sözcük ya da hece çoğu kez cümlenin bir bölümünü ya da bütününü dile getirmek için birçok harf eklenerek kullanılmaktadır. Aynı zamanda Hititler Mısır yazısındakinden çok daha ender olarak farklı harfler kullanmaktadır. Halen ancak 200 harf belirlenmiştir ama daha fazla yazıt okunduğunda bu sayı artabilir.

Hititlerin en eski yazıtları metal plaklardır ve harfler bunların arka yüzünden çekiçlenmiştir. II. Ramses ile imzalanan barış antlaşması gümüş bir plak üzerine bu sistemde yazılmıştır. Ortada Tanrı Sutekh'in Hitit kralını kucaklayan figürü vardır ve bunun çevresinde kısa bir resimyazı yer almaktadır. Çevresinde figürler bulunan merkezdeki bu desen Hitit sanatında sık kullanılan bir yöntemdir. Mısır anıtları gümüş plağın biçimini açıklamaktadır. Bu, dikdörtgen şeklindedir ve tepesinde duvara asılması için bir halka bulunmaktadır. Eğer Ramses'in Hititli eşi Ur-Maa Noferu-Ra'nın mezarı bulunursa belki burada ünlü barış antlaşmasının Hitit dilindeki metnine ulaşılır.

Ne olursa olsun, bu dönemde Hititlerin okuryazar olduğu kesindir. Mısır kayıtlarında adı Halep'le bütünleşen Khilip-sira'nın "alçak Kheta hakkında kitaplar yazmış" olduğundan söz edilmektedir. Mısır firavunu gibi Hitit kralı da savaşa giderken yanında yazıcılar bulundurmaktaydı. Hebron yakınında yer alan, henüz kazılmamış olan Kirjath-sepher ya da Kitap Kenti Hitit kökenli ise Hititlerin de Asurlular gibi kütüphanelere sahip olması gerekir. Kirjath-sepher'in bir diğer adı Debir idi; bu nedenle kütüphanenin Babil'deki gibi buradaki en önemli tapınakta bulunduğu sonucuna varabiliriz. Mısır yazıtlarında daha kuzeyde, Asi üzerindeki Kadeş yakınında yer alan bir başka Debir ya da Dapur'dan söz ediliyor; burası Amorilerin ülkesi olduğundan ve Kirjath-sepher de bir Amori kenti olarak tanımlandığından burada da eski bir kütüphane gün yüzüne çıkarılabilir. Deborah döneminde, Megiddo'nun kuzeyindeki Zebulon'da "eli kalem tutan yazarlar" bulunduğunu unutmamalıyız (Hakimler v, 14).

Mısır'daki Tel el-Amarna'da kısa önce bulunan yazıtlar Büyük Göç'ten bir asır önce Batı Asya'daki yazışmalarının ortak dilinin Babil çiviyazısı olduğunu gösteriyor. Daha sonra güneye gelen Hititler kendilerine özgü resimyazısını buraya taşıdılar. Öte yandan Hitit dünyasında çiviyazısı kullanılmaya devam edildi. Kaisariyeh'te satın alınan çivi yazısı tabletler Kapadokya'da bulunan ama yeri hâlen keşfedilmemiş olan bir kütüphaneden gelmekteydi ve Dr. Human kısa bir süre önce eski Kommagene'deki Hitit heykelleri arasında çivi yazılı uzun bir yazıta rastladı. Bu yazıt belki de Hitit metinlerinin okunmasına ışık tutacaktır.

Bu alanda bazı girişimler oldu. Kutsal Kitap Arkeoloji Derneği'nde Hitit İmparatorluğu'nun keşfi ve Küçük Asya'daki ilginç sanat akımının Karkamış ile olan bağlantısı hakkında yaptığım sunumdan bir ay kadar sonra Hititçe ve çivi yazısı ile yazılmış iki dilde bir yazıtla karşılaştım. Bu, Hitit metinlerinin yorumlanmasına yarayacak tek anahtar olan, Kral Tarkondemos'un gümüş kabartması üzerindeydi.

Tarkondemos'un iki dildeki kabartması.

Bu kabartmanın ilginç bir öyküsü var. Yıllar önce Smyrna'da, Constantinopolis'te ünlü bir para koleksiyoncusu olan M. Alexander Jovanoff tarafından satın alınıyor. Jovanoff onu Şarkiyat araştırmacısı Dr. A. D. Mordtmann'a gösteriyor. Dr. Mordtmann bunun bir kopyasını çıkarıyor ve bunun muhtemelen bir hançerin ya da kılıcın sapındaki yuvarlak bir gümüş plaka olduğunu belirliyor. Plakanın kenarında çiviyazısı var. Ortada yeni ve henüz bilinmeyen bir sanat yöntemiyle yapılmış bir savaşçı figürü yer alıyor. Savaşçı dimdik durmakta; sağ elinde bir mızrak var ve sol elini göğsüne bastırmış. Giydiği tuniğin üzerinde saçaklı bir pelerin bulunuyor; ucu kıvrık botlar giymiş; bacaklarının üst kısmı çıplak ve kemerine bir kılıç asılı. Bu figürün iki yanında bir dizi "sembol" yer alıyor; her iki taraftaki semboller aynı ama sağda üstteki semboller soldakilerden daha küçük, alttakiler ise daha büyük.

Dr. Mordtmann birkaç yıl sonra çiviyazısı hakkında yayınladığı bir makalede bu kabartmadan söz ediyordu ve ortadaki figürle ilgili anlattıkları ilgimi çekti. Bu figürde Hitit sanatı olarak nitelendirdiğim yöntemin uygulandığını düşündüm ve sembollerin de Hitit resimyazısı olduğunu tahmin ettim. Dr. Mordtmann kabartmanın bir kopyasını 1862'de Hannover'de yayınlanan *Numismatic Journal*'a gönderdiğinden söz ediyordu. Uzun ve yorucu bir araştırma sonucunda bunun bir dergi olmadığını ve Hannover'de değil Leipzig'de, 1862'de değil 1863'te yayınlandığını belirledim. Buradaki kabartma kopyasında Dr. Mordtmann'ın sembollerinin Hitit harfleri olduğu konusundaki düşüncemin doğrulandığını gördüm.

Bu kopyanın aslına ne kadar sadık kaldığını ve orijinalinin hâlen var olup olmadığını öğrenmem gerekiyordu. Kısa süre sonra British Museum'dan bir yanıt geldi. Kabartma bir tarihte Müze'ye satılmak istenmiş ama daha önce buna benzer bir eserle karşılaşılmadığı için sahte olabileceği kuşkusuyla geri çevrilmişti. Öte yandan iade edilmeden önce bir klişesi yapılmıştı. Müze bunun bir kopyasını bana gönderiyordu.

Birkaç gün sonra çağımızın en bilge ve parlak Doğu araştırmacılarından olan M. François Lenormant'tan bir mektup aldım. Yirmi yıl kadar önce Constantinopolis'te orijinali gördüğünü ve kalıbını çıkardığını söyleyerek kalıbı bana gönderdi. Kalıp ve klişe tümüyle birbirinin aynıydı.

Artık elimizde orijinali değilse bile mükemmel bir kopyasının bulunduğundan şüphe yoktu. Bu gerçek giderek daha da önem kazandı zira Juvanoff'un ölümünden sonra kabartmanın aslı kayıplara karıştı ve tüm araştırmalara karşın izine rastlanılmadı. Bir gün Constantinopolis çarşılarında ya da St. Petersburg'daki özel bir mülkiyette karşımıza çıkabilir ama bugün kimin elinde olduğu hakkında hiçbir fikrimiz yok.

Çiviyazısı kolaylıkla okunabiliyor. Kabartmadaki kralın adını ve unvanını belirtiyor: "Tarqu-dimme, Erme ülkesinin Kralı."

Tarqu-dimme Hazreti İsa döneminde yaşamış olan Kilikyalı Prens Tarkondemos ya da Tarkon-dimotos'un adı olmalı. Bu isme Küçük Asya'nın diğer bölgelerinde Tarkondas ve Tarkondimatos olarak rastlıyoruz ve bunun kesinlikle bir Hitit adı olduğunu varsayabiliriz. Tarqu-dimme'nın hangi ülkenin kralı olduğu konusunda sadece bir tahminde bulunabiliriz. Klasik dönem yazarlarının Arıma Sıradağları olarak tanımladığı, Bulgar Dağı'ndaki Hitit anıtlarının aşağısındaki bölge olabilir. Öyleyse Tarkondemos bir Kilikya kralı olmalıdır.

İki yanda yer alan çivi yazılı Hitit metni çok tartışma konusu oldu. Kuralları uygulamak yerine kabartmadaki boşlukları doldurmak amacıyla kullanılan harflerin dizimi farklı yorumlara yol açıyor. Öte yandan doğru çözümlemenin anahtarını oluşturan iki gerçek var. Öncelikle yazıt başka Hitit metinlerinde "kral" ve "ülke"yi temsil eden iki harfle ikiye bölünmüş; diğer taraftan ilk iki harf kralın ağzından çıkıyor gibi. Böylece "Tarku-dimme Er-me ülkesinin kralı" şeklinde okunurken *tarku* ve *me* heceleri bir keçi başı ve "dört" sayısı ile "kral" ve "ülke" sözcükleri ise Hitit heykellerinde tanrıların ve kralların taktığı taç ve dağlık bir bölge resmi ile temsil ediliyor. Mordtmann ülke simgesinin Kapadokya düzlüğünden yükselen kayalıkları çağrıştırdığını fark etmiş.

Dolayısıyla iki dildeki bu kabartma bize iki önemli sembol ve dört harfin de ses bakımından değerini sağlıyor. Bunlar sayesinde diğer metinleri inceleyebilir ve bilgi edinebiliriz. Halen British Museum'da sergilenmekte olan Karkamış'ta bulunan yazıtların adı *-me-Tarku* ile biten ve babası ile büyükbabasının isimlerini zikreden bir krala ait anıtlar olduğu ortada. Büyükbabaya ait bir yazıt Mr. Boscawen tarafından Karkamış'ta kopyalanmış ama maalesef İngiltere'ye getirilememiş ve muhtemelen daha sonra tahrip edilmiş.

Dahası, Maraş aslanında da bir kral kendi adı ile birlikte iki kuşak öncesinden atalarının isimlerini kayıt altına alıyor. Aynı kralın adına Hama'da, buradaki başka yazıtlarda adı geçen kralın babası olarak rastlanıyor. Buradan hareketle Hama anıtlarının muzaffer ordularını güneydeki bu bölgeye kadar yönlendiren Kommagene kralının anısına yapıldığı sonucuna ulaşabiliriz. Bu gizemli harfleri zorlanmadan okuyabileceğimiz günler gelecek elbet ve o zaman vardığımız sonuçların doğru olup olmadığını göreceğiz.

Bu arada bir başka çift dilli bir metin bulunmasını beklemek zorundayız. Tarkondemos kabartması Hitit labirentinin derinliklerine inmemize yardımcı olacak uzunlukta değil; ancak ona benzer bir başka yazıt bulunduğu takdirde ilerleme kaydedebileceğiz. Öte yandan iki dilli bir yazıtın bulunması başkalarının da var olduğu ve gün ışığına çıkabileceği hususunda bizi umutlandırıyor. Suskun taşların dile getirilebileceğinden ve Hitit İmparatorluğu'nun nasıl kurulduğunu ve devam ettiğini onu düşmanlarının günlüklerinden değil biz-

Maraş aslanı.

zat kendilerinden öğreneceğimiz günlerin geleceğinden emin olarak beklentimizi sürdürmeliyiz.

Hitit yazı sisteminin herhangi bir etki yaratmadan silinip gitmiş olması imkânsız. Hititlerin Küçük Asya'daki barbar uluslara taşıdığı kültür ve sanat nasıl onlara aşılanmış ve yeşermişse Hitit yazısının da tümüyle yok olmadığına inanmalıyız. Kıbrıs'ta Büyük İskender dönemine kadar devam etmiş olan ilginç hece alfabesinin Hitit resimyazısından kaynaklandığına inanmak için nedenimiz var. Kıbrıs'ta kullanılan bu yazı Yunan dilindeki sesler için son derece elverişsizdi ve Hititlerin kendi yazılı anıtlarında uyguladıkları bu sistemin Küçük Asya'nın büyük bir bölümünde kullanılan hece alfabesinin bir dalı olduğu belirlendi. Bu yüzden Hitit yazısı her harfin tek bir heceyi temsil ettiği bir hece alfabesine dönüştü ve uzun yıllar kullanılmaya devam etti.

Aynı zamanda Fenike alfabesindeki harflere verilen isimlerin de Hitit resimyazılarından etkilenmiş olması mümkün. Fenikeliler Mısır harflerini kullanmaya başladıklarında bu harflere kendi dillerinde her harf için çıkardıkları seslerle başlayan isimler verdiler. *A*'nın adı *aleph* idi çünkü Fenike dilinde "öküz" anlamına gelen *aleph* bu sesle başlıyordu, *k*'nın adı "el" anlamına gelen *kaph* idi çünkü Fenike dilindeki *kaph* k ile başlıyordu. Benzer bir sistem atalarımız tarafından da uygulanmıştı, onlar da bir çocuğa *A* harfinin "bir kurbağaya nişan alan *archer* (okçu)" olduğu söylenirse çocuğun alfabeyi daha çabuk kavrayacağına inanıyorlardı.

Öte yandan harflere isimler sadece ses bağıntılarına bağlı olarak değil, verilen isimleri taşıyan nesnelere benzerliği de gözetilerek verilmiş olmalı. Bazı durumlarda bu benzerlik yeterince açık olmayabilir. Örneğin "el" anlamına gelen *kaph* ve *yod* insan eline hiç benzemiyor. Öte yandan Hitit resimyazılarına bakarsak orada uzun Hitit eldiveni şeklinde eli temsil eden ve biçim bakımından Fenike harflerini andıran iki şekil görüyoruz. Bu nedenle *kaph* ve *yod* isimlerinin Hitit harflerine aşina olan Suriyeliler tarafından verildiği iddiasına karşı çıkmamız zor olur. Aynı şey *aleph* için de geçerli. Bu Fenike harfi hiçbir şekilde bir öküzü andırmamakta ama Hitit metinlerinde önemli bir yeri olan bir öküz başına çok benzemekte. Fenike alfabesi Yunanlılara geçince *aleph* Yunancada *alpha*'ya dönüştü ve *alfabe* sözcüğü kültürümüzün bir parçası oldu. Yunancada *iota*'ya dönüşen *yod* İngilizcede *jot* oldu. Dolayısıyla günlük yaşamımızda kullandığımız bazı sözcüklerin kökeninin Hitit diline değilse bile Hitit yazısına dayandığını ileri sürmek mümkün.

Hititlerin hangi dili kullandığını henüz belirleyemedik. Öte yandan Mısır ve Asur anıtlarında yer alan özel isimler bunun Sami dil grubuna dâhil olmadığını gösteriyor. Hitit yazıtlarını incelendiğinde ise çok sayıda ek kullanıldığı görülüyor. Öte yandan Hitit halkının yaşadığı bölgelerin tümünde aynı dilin konuşulduğunu da varsaymamalıyız. Muhtemelen her kabilenin ayrı bir lehçesi vardı ve bunlar da birbirinden çok farklıydı. Aynı zamanda hepsi aynı dil grubu içinde yer almaktaydı ve İngilizcedeki farklı lehçelerinin hepsine İngiliz dili dendiği gibi bunlar da Hitit dili olarak tanımlanıyordu. Asur yazıtlarındaki özel isimlere bakılacak olursa Kapadokya'nın doğusuna kadar uzanan yörelerde aynı dil konuşulmaktaydı. Hitit kökenli isimlere eski Ararat Krallığı'nın sınırlarına kadar rastlanmakta ve Urartuca adı verilen Ararat dilinin de aynı dil grubunda yer aldığı varsayılabilir. Buradaki yazıtlarda bulunan çivi yazısı okunabilmiş olduğuna göre Hitit metinlerinin sırrı çözüldüğünde bu dille ilgili soru da yanıtlanabilecektir.

Hititler Filistin'in güneyinde kendi dillerini unutup Sami komşularının çok eskiden kullandığı dili benimsediler. Suriye'nin kuzeyinde böyle bir değişim olmadı. Karkamış'ın son kralının adı Sami dilinde değildi ama Halep'te bir Sami tanrısına tapınılıyordu ve Asi üzerindeki Kadeş Samiler için kutsal bir kent olmaya devam etti. Görünüşe göre Hititlerin Hama'daki egemenliği çok kısa sürdü. Asur anıtlarında Ahab ile aynı dönemde yaşadığı belirtilen buradaki kralın adı Sami dilinde "ay tanrısı bize aittir" anlamına gelen Irkhulena idi ve ardıllar da Sami kökeninden gelmekteydi. Oğlu Davud'la ittifak kurmak isteyen Tou ya da Toi'nin adının Sami dilinde olup olmadığı tartışılabilir.

Öte yandan Toros Dağları'nda Hitit lehçeleri kolay kolay yok olmadı. Aziz Paul döneminde Lystra halkı halen Lykaonia dili kullanmaktaydı, oysa Kapadokya'da uzun süre önce resmi dil olarak Aramice kabul edilmişti. Zamanla Aramicenin yerini Yunanca aldı ve Roma İmparatorluğu'nun yıkılışının öncesine kadar bu tüm Küçük Asya'nın ortak dili oldu. Günümüzde ise Yunancanın yerini Türkçe almış bulunuyor.

Diller zamanla değişebilir ya da ortadan kalkabilir ama bunları konuşan ırklar yaşamlarını sürdürür. Irkların özellikleri bir kez yer ettikten sonra çok zor değişime uğrar. Hitit dilinin son yankıları da yüzyıllar öncesinde dağılıp kaybolduğu halde Hitit ırkı bir zamanlar güneydeki kentlere yayıldığı bölgede var olmayı sürdürüyor. Buna Karabel'deki savaşçıların giysilerinde ve Karkamış'taki prens heykellerinde tanık olmaktayız; hatta kar ayakkabıları ve parmaksız eldivenler Kapadokya'nın soğuk yaylalarında hâlâ kullanılıyor.

BÖLÜM VIII:

HİTİTLERDE TİCARET VE SANAYİ

Hititlerin savaş alanında olduğu kadar barış döneminde de yıldızı parladı. İcat ettikleri yazı yöntemi onların ne denli zeki olduğunu gösteriyor. İnsanlık tarihinde çok az ırk düşüncelerini başkalarına sözcüklerle aktarma yöntemi oluşturabilmiştir; dünyadaki ulusların çoğu sadece başkalarının harflerini değil kavramlarını da kullanmakla yetinmişlerdir.

Boğazköy ve Alacahöyük'teki kalıntılar bize Hititlerin sıradan mimarlar olmadıklarını gösteriyor. İstihkâm konusunda çok bilgiliydiler; Boğazköy'de surları dışındaki yan duvarları kaygan taşlarla örülü geniş hendek, surlar yıkıldığında kuşatma altındaki halkın sığınabileceği kent içindeki berkitilmiş kale bu alanda birer başyapıttır. Sarayların yapımında kullandıkları düzgün kesilmiş taşlar ve işlenmiş plakalar onların taş ocaklarını işletme ve taşları yontma sanatını çok iyi bildiklerini kanıtlıyor. Bulgar Dağı'ndaki maden ocakları da onların maden çıkarma ve işleme konusundaki ustalıklarını ortaya koyuyor.

Hititlerin sınır komşusu ve ırkdaşı Kalde'nin madencilikteki ünü tüm Yunan âleminde biliniyordu. İlk kez demiri tavlayarak çeliğe dönüştürdükleri ileri sürülüyordu. Her halükârda Yunanlar bu işlemi onlardan öğrendiler.

Mısır ve Asur anıtlarında gümüş ve bakırın en çok aranan madenler olduğu görülüyor; altın ve demir de Hititlerin tazminat olarak yaptıkları ödemeler arasında yer alıyor. Altın ve bakır işlenerek kâselere ve hayvan figürlerine dönüştürülüyor, bakır kalayla karıştırılarak tunç elde ediliyordu. Kalayın nereden elde edildiğini henüz bilmiyoruz.

Gümüş ve demir takas aracı olarak kullanılmaktaydı. Asur kralı Karkamış'tan 250 talent demir almıştı ve Dr. Schlimann'ın Truva kalıntılarında yürüttüğü kazılarda gümüşün Hititlerde para yerine kullanıldığını ortaya koydu ve bu yöntem onlar tarafından Küçük Asya'nın en batısındaki ülkelere kadar yayıldı.

Hisarlık ya da Truva'daki kireçli topraklardan gün yüzüne çıkarılan Priamos hazinesinde yaklaşık yedi ya da sekiz inç uzunluğunda ve iki inç genişliğinde bıçak gibi keskin altı gümüş külçe bulundu. Mr. Barclay Head bunların her birinin bir Babil *maneh* ya da mina'sının üçte biri ağırlığında olduğunu ve her *maneh*in bir zamanlar Küçük Asya'da gümüş külçelerini tartmak için kullanılan 8656 Truva tahıl tohumuna tekabül ettiğini açıkladı. Bu, Fenike, Asur ve Yunan döneminde Küçük Asya'da kullanılan ağırlık ve değer standartlarından farklıydı ama Asurluların sözleşme tabletlerinde yer alan, Sargon'un Karkamış'ı fethinden sonra bile kullanılan Karkamış *maneh*i ile denkti. Aslında Karkamış *maneh*i, Hitit kültüründeki unsurların çoğu gibi Babil'den alınmıştı ama Hititlerin başkentinde o denli benimsendi ki kentin adıyla anılmaya başlandı. Bu örnek bile Hititlerin ve Karkamış kentinin ticaret ve sanayide önder olduklarını ortaya koymakta.

Karkamış Batı Asya'da karadan ticaretin merkeziydi. Fenike'den ve Batı'dan gelen ürünleri Asur ve Babil'deki uygar halka ulaştıran ana yolun üzerinde bulunmaktaydı. Bu konumu yüzünden Asur kralları bu kenti sahiplenmeyi çok arzu etmekteydiler. Sargon bu kenti zapt ederek Akdeniz kıyılarına egemen oldu ve kentteki Hititli tacirlere akan ticaret ve servetin Asurluların ellerine geçmesini sağladı.

Assur-natsir-pal Hititlerin kullandıkları pahalı eşyalardan söz ediyor. Şatafata düşkün İsrail kralları gibi Hititler de fildişi kakmalı divanlarda oturmaktaydılar; muhtemelen bu sanatı da kendileri icat etmişlerdi. Her halükârda I. Tiglath-pileser, dört yüzyıl önce III. Thutmose'nin yaptığı gibi, Karkamış civarında fil avına çıkmaktaydı ve Hititlerin Asur krallarına ödediği tazminat içinde fildişi de yer almaktaydı. Asya'nın bu bölgesinde fil soyunun tükenmesi Hitit avcıları yüzünden olabilir.

Öte yandan Karkamış'taki fildişi divanlar daha sonra Asurlular, Yunanlar ya da Romalılarda gördüğümüz gibi, yemek sırasında kullanılmıyordu. Hititler de Mısırlılar gibi yemek yerken oturmaktaydılar ve iskemlelerinin sırt dayayacak yerleri ve önlerinde ayaklarını koymak için alçak tabureleri vardı. Yemekler alçak, çapraz bacaklı, katlanabilir masalarda sunuluyordu.

Maraş'taki bir kabartmada görüldüğü üzere, Hititler kimi zaman müzikli bir ziyafet düzenliyorlardı. Anıtlarda çeşitli müzik aletleri yer alıyor; aralarında lir, boru ve bir tür gitar bulunuyor. Müziğe düşkün oldukları ve zenginlere has bir biçimde bu sanatı geliştirdikleri görülüyor. Aynı eğlence anlayışına Alacahöyük'teki bir heykelde de rastlıyoruz. Burada omzunda bir maymun bulunan bir hizmetli yer alıyor. Sakin, barışçıl ve zengin bir yaşam sürenler hayvanlara olan düşkünlüklerine bağlı olarak güneyin uzak yörelerinden maymun gibi bir hayvan getirtebiliyorlardı. Hititler Suriye ovalarına yayılırken kuşkusuz savaşçı bir yapıya sahiptiler ama kısa sürede barış içinde yaşamayı öğrenerek eski dünyanın en başarılı tüccarlarına dönüştüler.

Krallar kitabından öğrendiğimize göre, Mısır'dan Hitit prensleri için İsrailliler aracılığı ile atlar ve savaş arabaları ihraç ediliyordu. Öte yandan aynı zamanda kuzeyden de at getirtmiş ve belki kendileri de yetiştirmiş olabilirler. Kâhin Zülkifl (xxvii, 14) Togarmah halkının Sur pazarlarında at, seyis ve katır ticareti yaptığını anlatıyor; Asur yazıtlarında Tul-Garimmi olarak tanımlanan Togarmah, Kommagene'de yer alıyor. Mısır ile yapılan savaşlarda ve Kadeş'te Hitit ordusu, bazen iki, bazen de üç askerin bindiği, iki atın çektiği savaş arabalarında dövüştü. Bu savaş arabaları hafif araçlardı ve çoğunlukla altı çubuğu olan iki tekerleği vardı.

Ordu çok disiplinli ve düzenliydi. Esası Hitit yerlilerinden oluşuyordu ve bunlar merkezde ve kritik noktalarda yer alıyorlardı. Çevrelerinde özel seçilmiş generallerin kumandasındaki müttefikler ve paralı askerler bulunuyordu. Yerli piyadelerin ve atlıların da kendi yüzbaşıları vardı ama tüm ordu tek bir başkomutanın emirlerine uymaktaydı.

Hititlerin mesken mimarisiyle ilgili ayrıntıları henüz bilmiyoruz. Boğazköy, Alacahöyük, Karkamış ve Zincirli'deki sarayların genel planından bunların merkezdeki bir avlunun çevresinde dörtgen olarak inşa edildiğini ve saray girişinin her iki yanında masif blokların yer aldığını, işlenmiş taşlarla döşeli bir yoldan buraya ulaşıldığını ve görünümünün bir Mısır tapınağının kapısını çağrıştırdığını görüyoruz. Dahası sarayların yüksek bir seki ya da kümbet üzerinde inşa edildiğini de biliyoruz ama sütunlu mimarinin yaratıcısı olan Babil'den esinlenerek kullanılan kaidesiz sütun dışında daha fazla bilgi sahibi değiliz.

Hitit giysileri hakkında daha fazla bilgimiz var. Günümüze ulaşan anıtlarda yer alan kar ayakkabılarının yanı sıra Hititler iki tür başlık takıyorlardı, bunlardan biri bir takke, diğeri genellikle sivri uçlu ya da İvriz'deki gibi yuvarlak, tepesi boynuz şeklindeki kurdelelerle süslü gösterişli bir taç. Süslü tacın üstünde dikey olarak işlemeler vardı. Boğazköy'deki tanrıçanın tacı bir kentin berkitilmiş duvarını andırıyordu.

Kadınların giysileri ayaklarına kadar iniyordu. Ayni şey papazların uzun kollu giysileri için de geçerliydi ama diğer erkekler dizlerini açıkta bırakan ve beli bir kemerle sıkılmış tunik giyiyorlardı. Bunun üzerine yürürken bir bacağı açıkta bırakan bir pelerin alıyorlardı. Kemerde kısa bir kılıç vardı; sırtlarında ise bir mızrak ve bir sadak asılıydı. Çift başlı balta da Hititlere özgü bir silahtı ve onlar tarafından Ege sahillerine yayıldı; Yunanlar döneminde balta Karyalı Zeus'un ve Tenedos'un simgesi oldu. Tüm bu silahlar tunçtan ya da belki demirden yapılmıştı; öte yandan Hitit kabilelerinin bir zamanlar taştan yapılmış alet ve silah kullandıklarını gösteren belirtilere de rastlanıyor. Mr. Boscawen Arpad civarında cilalı yeşil taştan yapılmış büyük ve çok güzel bir balta başı satın aldı ama bu büyük bir olasılıkla silah olarak kullanılmamıştı. Aslında bu maden işlemenin bilinmediği dönemde tanrılara adanan özel bir silah olmalı. Dinsel ibadetin elde kalan diğer göstergeleri gibi bu da uzun süre önce terk edilmiş bir sosyal geleneğin temsilcisi olsa gerek. Efes civarında elime geçen gene cilalı yeşil taştan yapılmış küçük bir balta başı Arpad'takine çok benziyor. Küçük Asya'nın batısında bulunan cilalı taştan yapılmış, tamamen farklı biçimdeki çeşitli alet ve silahlarla kıyasladığımızda bu benzerliğin çok önemli olduğu ortaya çıkıyor. Bu sayede Arpad ve Efes'te Hitit etkisinin yoğun olduğu ve her iki kentte de –taş devrinin ilk dönemlerinden kalma– benzer biçimde taştan yapılma aletlerin tanrılara sunulduğu sonucuna ulaşıyoruz.

Hititlerin giydikleri giysilerin bezleri ve ketenleri çeşitli renklerde boyanmıştı ve püsküllü ve işlemeliydi. İvriz'deki rahibin giysisi özellikle incelemeye değer. Üzerindeki işlemelerde Frigya Kralı Midas'ın lahdinde yer alan aynı dörtgen desen bulunuyor ve genellikle *gamalı haç* olarak bilinen garip sembol General di Cesnola'nın Kıbrıs'ta ve Dr. Schliemann'ın Truva'daki kazılarından sonra çok ünlendi. Bu sembol Kıbrıs ve Truva'da tarih öncesi dönemlerden kalma çömleklerde sıklıkla yer alıyor ama Mısır, Asur ve Babil'de bugüne kadar bunun izine rastlanmadı. Doğuda eski dönemlerdeki uygar ulusların kalıntılarında bu desen yalnızca İvriz'de bir heykeldeki bir Likyalı rahibin giysisinde yer alıyor. Bu, Hititlerin bulduğu ve Küçük Asya'daki barbar kabilelere diğer kültürel unsurlarla birlikte taşıdığı bir sembol müydü yoksa barbarların kullandığı ve Hititlerin o dönemde batıda yaşayan halklardan alıp benimsediği bir sembol müydü?

Bu soruyu yanıtlamadan önce uzun süre önce unutulmuş olan ve yeniden canlandırılması günümüzdeki en ilginç keşiflerden birini oluşturan bu harika ırk hakkında bugünkünden daha fazla bilgi edinmemiz gerekiyor. Eski Hitit kentlerinin kalıntıları tümüyle keşfedilip geride bıraktıkları anıtların tamamı gün yüzüne çıkarıldığı, yazıtlarının okunduğu zaman bu ve buna benzer soruların çoğu yanıtlanmış olacak. Bu arada elimizde bulunanlarla yetinmek zorundayız. Batı Asya'nın geçmişindeki karanlık bir sayfa ve Eski Ahit'teki kutsal kayıtlar aydınlatılmış bulunuyor ve İsrail'in kaderi üzerinde önemli bir rol oynayan ama bugüne kadar sadece bir isimden ibaret kalan bir halk günümüzde ön plana çıkmış durumda. Kutsal Kitap'ın her sözcüğü dostlarımız ya da düşmanlarımız tarafından titizlikle incelendiğinde bir zamanlar anlatılan bir öykünün doğruluğunu kuşku ile karşılayan bir görüşün gerçeğin ta kendisi olduğunu öğrendik. İbrahim'in dostları, Davud'un müttefikleri, Süleyman'ın annesi dünya tarihinde silinmez bir iz bırakmış olan bir ırktan gelmekteydiler ve Tanrı bizim kuşağımıza bunu keşfetmemizi buyurdu.

ENDÜLÜS

711 yılında Tarık bin Ziyad komutasında Fas'tan İspanya'ya geçen Araplar ve Mağripliler kısa süre içinde İber Yarımadası'nda hâkim duruma geldiler. Yaklaşık 800 sene boyunca kaldıkları bölgede mimari, astronomi, matematik vb. alanlarda getirdikleri başarılar İspanya ve Portekiz kültürünü de şekillendirdi.